口下手・弱気・内向型の
あなたのための

弱みが強みに変わる逆転の心理学

神岡真司

清流出版

プロローグ　口下手・弱気・内向型のあなたのための逆転の心理学

「弱さ」は「強さ」にも通じている！

あなたは、自分のことをどんなふうに捉えているでしょうか。

- **口下手で、会話や雑談などのコミュニケーションが苦手。**
- **自分より強気そうな人に出会うと、いつも言いなりになってしまう。**
- **人と交わるよりも一人でいるほうが、安心だし、リラックスできる。**
- **他人が自分をどう思っているのか、些細なことでもすごく気に病む。**

つまり、人一倍敏感なので目立たないように生きていきたい――とか、争いごとは避けて平穏無事に生きていきたい――という思いが強いのではないでしょうか。その反面、こうした「弱さ」を克服し、もっと積極的に行動できる人間にもなりたい――という願望も密かにもち続けてこられたことでしょう。

人は「両面感情」の動物！

人には「両面感情」というものがあるので、それは当然な思いでもあるのです。「両面感情」とは、自分の中の相反する考えや感情のことをいいます。

自信がないけど、自信をもっていたい。嫌いだけど、仲良くなって好きになりたい。負け組だけど、勝ち組になりたい。

いろいろな思いが交錯しています。だからこそ、人間は面白い――といえるのです。ゆえに、人生には大いに希望がもてます。

人間関係はつねに「入れ替わり」で成り立っている！

自分を「弱い存在」と思うばかりでは、進化がありません。

世の中で、「自分より強い存在」に見える人は、大勢いるように思えますが、実はそういう人たちも、周囲に「自分より強い存在」を多く認識し、「自分は弱い存在」と考えていたりもするのです。

自分を弱いと思うあなたの見方は、あなたの思考にすぎません。

人間関係に、「絶対的な価値観」などないからです。

この世の人間関係は、すべて人と人との「相対的な価値観」から成り立っています。「自分は弱い存在」と思っているあなたでさえ、「自分よりも、もっと弱い存在」を認識しているでしょう。人間関係は、いくらでも「入れ替わり」が可能な状態が保たれているわけです。

「自分より強い存在」に思える人でも、相手があなたを見ると、同じように「自分より強い存在」と感じている場合さえあるのです。

口下手で会話が苦手という人でも、両親や兄弟とは、ふつうに話せたりするものですし、自分は気が弱いと思っている人でも、身内に対しては、平気で遠慮なく怒鳴っていたりするものです。

内向型の人でも、自分の利害得失について説明しなければならない場面では、自分から行動を起こし、人との交渉に乗り出すことだってあるでしょう。

自分を変えなくても「役割変更」は可能！

本当に「ここぞ！」の場面がくれば、人は変わっていけるのです。

人は、日常生活では、「役割行動」を演じているにすぎません。

「強気な人」も、そう演じているにすぎないのです。

「弱気な人」も、あなたがそう演じているだけです。

「役割行動」は、たまたま自分が選び取っているだけの行動なのです。

ゆえに、ちょっとしたキッカケで、どんどん変わることが可能なのです。

また、無理をして自分を変えなくても、人間心理を逆手に取ることで、いつでも対人関係における「役割変更」が可能になります。

新しい人生の扉を開いていくために

そこで、本書では、2つのアプローチを行っていきます。「内向型の自分をうまく生かしていく方法」と「人間関係において相手との関係性が逆転できる方法」の2通りです。

両方やってみていただいてもよいし、どちらか一方を選ぶのも自由です。理想的なのは、両方できるようになることですが、無理におすすめするわけではありません。筆者としては、本書を読み進めていただくうちに、自然に両方とも実現できるよう誘導していくつもりです。

どうか、気楽な気持ちで頁をめくっていただきたいと思います。

きっと読み進められるうちに自信が湧いて、新しい人生の扉が開かれることでしょう。そうなることを切に願っています。

強いも
弱いも
相対的

目次

第2章 「弱み」を「強み」に変える逆転心理術！

第3章 一瞬で「弱者」が「強者」になれる逆転心理術！

第4章 「イヤな人・苦手な人」に効く！逆転心理術！

第5章
「ここぞ」の場面で効く！「魔法のフレーズ」

第1章

口下手で弱気に見られる内向型の人の「大きな可能性」

「内向型」には強力な魅力がある

「弱み」と「強み」は表裏一体の関係性

世間では、口下手だったり、弱気だったり、内向型の人は、人生で大損をするかのように思われていたりしますが、本当のところはどうなのでしょう。

おしゃべりで口のうまい人のほうが、口下手の人よりトクなのでしょうか。
強気な人は、弱気な人を押しまくるので、つねに有利な立場なのでしょうか。
外向型の人は、内向型の人より陽気でチャンスを得やすいのでしょうか。

いろいろ想像してみると、他人と関わる場面では、弁が立ち、強気で、外向型の人のほうが、派手で目立つことだけはたしかでしょう。

しかし、それだけのことにすぎないのです。

コミュニケーションの方法は、会話だけとは限りません。

当意即妙のスピーチができたり、雑談がうまいと、外面的には「デキル人間」に見えるかもしれませんが、世の中で成功している人を見ると、必ずしもそういう人たちばかりとはいえないからです。

人生の成功というのは、社会的基盤の構築や、富の蓄積の多寡によって測られることが多いでしょうが、そうした一代で成功した人たちの中にも、口下手で弱気で内向型の人は大勢いるからです。


口下手で、弱気で、内向型の人は、「弱み」だらけだと、世間から誤解されがちなだけ、ということです。


むしろ口が達者で強気で外向型の人よりも、内向的であることのほうがはるかに大きな魅力となって「強み」を発揮できている——という人も多いからです。

「弱み」は「強み」にもなるし、「強み」も「弱み」になるといった反転性がある概念にすぎないことを、はじめにここで認識しておきたいのです。

他人との無用な比較からコンプレックスが生まれる

口下手・弱気・内向型の人は、そのことをコンプレックスと思いがちです。

コンプレックスは、他人との比較で、他人より劣っている——と思える部分を気に病むことですが、他人と比較するためにそうなるわけです。

比較しないでいればよいのですが、人間はつねに比較して、勝手に他人よりも劣っているところを見つけ、決めつけて落ち込んでしまうのです。

他人と比較して、つねに自分のほうが優れている——と思い込む習性があれば、思い悩むことも少なくなるはずですが、ついつい自分の劣ったところと思える部分に、意識を集中しがちなため、そうなります。

「心のフレーム（枠組み）」を自らつくり出して、「自分を○○だ」と思い込んでしまっているのです。

「気のせい」という言葉がありますが、いったん「自分は○○かも――」と思うと、だんだんその思いが潜在意識の奥底に沈んでいって、それが当たり前のように浸透して、日常の行動をも規制するようになるのです。

おしなべていえるのは、口下手・弱気・内向型の人は、センシティブ（繊細な、感じやすい）な人なのです。

感じやすいので、口が達者・強気・外向型の人と比べると、行動が非常に慎重になるのです。

臆病さをもち合わせているがゆえに、口が達者・強気・外向型の人のように「無神経・鈍感」なふるまいが、できなくなるわけです。

このように考えると、口下手・弱気・内向型の人は、「弱み」をかかえているどころか、神経が研ぎ澄まされているために観察力に優れ、リスクに慎重に対処するために事故にあう確率が低く、投資で大損しない冷静沈着さを兼ねそなえていると見做《みな》すこともできるのです。

これは、もう立派な「強み」ともいえるでしょう。

センシティブという素晴らしいセンサー機能

しかし、センシティブゆえに、つまらないことにも、ついこだわってしまうところが、「弱み」のように感じられてしまうのです。

親しい友人に出したメールへの返信が来ないだけで、「なんで返事が遅いんだろう」「わざと……?」「避けてるの……?」「そういえば、この間の打ち上げの時も、妙によそよそしかった。何か気に食わない点でもあるのかな……?」「嫌われてるのかな?」などと気をもんで、悪い想像をひろげてしまいます。

また、職場の同僚から、面倒な用事を押しつけられると、つい断り切れずにOKしてしまいますが、何ではっきり断れなかったんだ――と後悔します。それでも、押しつけられると、またしても断り切れず、同じことを繰り返してしまいます。嫌われたくない、偉そうに思われたくない――という気弱さが、相手の増長を促しているようにさえ思え、だんだん腹も立つのですが、断れない自分にも毎回ガックリきてしまいます。

大勢の人が集まるパーティーや宴会は大の苦手なので、参加するのが苦痛です。あまり見覚えのない人とも談笑するなど、想像しただけで疲れます。それでも我慢して出席すると、終わる頃には疲労困憊しています。

人との他愛ない会話のやり取りさえ、満足にできない自分をもどかしく、情けなくも思います。結局、こんな集まりがなければ、どんなによいだろうと、いつもの夢想を繰り返す自分がいます。

口が達者で、強気で、外向的な人が、水を得た魚のように生き生きとふるまっているのを見ると、羨ましさを感じると同時に自分が不甲斐なく映ります。

口下手・弱気・内向型の人は、センシティブゆえに、こんな思いにも苦しめられます。後述しますが、こんな思いは、**「心のフレーム」を変えていくことでどんどん軽減させることができるのです。むしろ、この「センシティブ」というセンサー機能こそが、魅力にもなると覚えておくべきでしょう。**

世界的に著名な成功者には「内向型」の人が多い

人は「内向型」か「外向型」のどちらかの傾向を帯びる

口下手・弱気・内向型の人は、子供の頃からそうだったという人が多いものです。近年の研究では、これらは**「遺伝的気質」によるものだからとされています。**

人の性向の「内向型」と「外向型」の分類は、1921年に心理学者カール・G・ユングが『心理学的類型』の中で提唱したことにはじまります。

その後、さまざまな研究が行われますが、脳の遺伝的気質による違いが**「内向型」と「外向型」に分かれると立証したのは、米国の発達心理学者ジェローム・ケーガンでした。**

ケーガンは、大脳古皮質という本能を司る部位にある「扁桃体《へんとうたい》」という感情脳の反応に着目し、生後4か月の赤ちゃんからの成長を長期観察したのでした。

その結果わかったのが、赤ちゃんの時に外部からのちょっとした刺激（音や振動や光）に対しての反応の差で、成長してから、人は「内向型」か「外向型」かの傾向を帯びる――というものだったのです。

赤ちゃんの時に、外部のちょっとした刺激に、大泣きして高反応を示したのが2割、全く動じることなく落ち着いていたのが4割、残り4割は時々に応じてどちらかの反応でした。そして、高反応を示した赤ちゃんほど、成長するにしたがって「内向型」になり、低反応の赤ちゃんが「外向型」になることを突き止めたのです。

ゆえに、程度に差はあるものの、人の約4割ほどは「内向型」で、残りは「外向型」という大まかな分類が成り立つといいます。

とりわけ、極端に「外向型」だったり、極端に「内向型」の人が、よけいに集団の中でも、目立つ形になるわけでしょう。

「内向型」と「外向型」の違いとは？

「内向型」の人と「外向型」の人との違いは、次のように考えられています。

「外向型」の人は、口が達者で強気な人が多いのですが、人と接することでエネルギーを充足させます。ゆえに、大勢の人がいると元気になるのです。

そのため、外界からの刺激のない閉鎖空間や、孤立して他人と接することのできない環境にいると、みるみる元気をなくします。

「内向型」の人は反対に、人と接するよりも、自分の内面に対応することで、エネルギーを充足させます。自分の心と静かに向き合っている時が、一番安らげるわけです。

そのため、人と接することの多いところに長くいると、元気がなくなり、一人になれる環境を求めます。人と接するほどに衰弱します。

どちらの傾向が強いかは別にして、誰でも、これらのいずれの傾向ももっているの

です。モチベーションにおいても、両者には特徴的な違いがあります。

人の「やる気」の源には、外部的な報酬（外発的達成動機）と内部的な報酬（内発的達成動機）があります。

外部的な報酬は、「金」「名誉」「地位」「肩書」「賞賛」などの世間的価値観ですが、内部的な報酬は、「興味」「関心」「好奇心」「楽しい」「愉快」といった心の価値観に支配されるものです。

当然ですが、「外向型」の人は、目立つことが好きですから、外部的な報酬に強く影響を受けるでしょう。いっぽうで、「内向型」の人は、自分の心の充足を求めるため、外部的な報酬よりも、内部的な報酬を大切にするのです。

内向型の人は、自分の頭の中で、慎重にいろいろなことを考えます。

そのため、会話をする時でも、言葉が思うように出ないことが多くなり、口下手になります。また、争いごとを好みませんから、「外向型」の人のように、何も考えずに不適切な言動に走り、揉めごとを起こす心配もほとんどないわけです。

こうして考えてみると「内向型」の人には、メリットも多いのです。

「内向型」の人には世界的に著名な成功者が多い

そのせいでしょうか。**口下手のために弱気に見えてしまう「内向型」の人には、世界的に著名な成功者が目白押しです。**

思考が内面に向かうので、学者や研究者に多いのも頷けます。

相対性理論のアルベルト・アインシュタインは、4歳までほとんど言葉が喋れず、7歳まで読み書きが不自由だったのは有名です。自然界の成り立ちや数学にだけ興味を示し、大学でも、興味のある講義だけしか受けなかったため、教師からはやる気のない学生と疎《うと》まれ、大学に助手として残りたかったのに拒否されました。

卒業後は、家庭教師やアルバイトで糊口《ここう》をしのぎ、ようやく特許庁の下級審査技師の職を得てから、好きな物理学の研究に取り組み、その後の名声につなげます。極端に「内向型」だったアインシュタインは、自分だけの殻に閉じこもり、相対性理論という20世紀最大の発見ともいわれる偉業を成し遂げます。

また、発明王トーマス・エジソンは、自分の興味のあることについての素朴な質問ばかりして知能が低いと見做され、小学校を退学させられたのは有名な話です。

万有引力の法則を見出したアイザック・ニュートンも「内向型」で、小学校時代の成績はビリで、一人黙々と工作に熱中するような少年でした。

『種の起源』で進化のプロセスを明らかにしたチャールズ・ダーウィンも子供時代の成績は悪く、一人静かに園芸をしたり、虫や鳥の観察に没頭する少年でした。**このように、学者や研究者には、「内向型」の人が、非常に多いのです。**

他にも、口下手で内向型の世界的著名人は大勢います。

マイクロソフト創業者のビル・ゲイツ、映画監督・プロデューサーのスティーブン・スピルバーグやジョージ・ルーカス、世界一の投資家ウォーレン・バフェット、米国の大統領だったエイブラハム・リンカーン、インド独立運動で非暴力主義を貫いたマハトマ・ガンジー……など、枚挙にいとまがありません。

口下手で弱気に見られても、内面には頑な信念があり、自分の世界を極め、目的を達成するというパワーは、並々ならぬものがあるといえるのです。

「内向型」の人には、「外向型」の人にはない、こんな凄みがあるのです。

#「内向型」と「外向型」の人の長所と短所を見極めよう！

人生の真の成功には「内向型」人間の資質が欠かせない！

これまで見てきたところで、口下手・弱気・内向型の人は、人間としての能力において、決して外向型の人に劣っているわけでないことが、おわかりいただけたのではないでしょうか。むしろ、優れているといえることのほうが多いくらいです。

口下手の人は、思考が深いゆえに、他人との会話が軽妙に続かないだけなのです。とても真面目で思慮深いために、慎重に言葉を選ぼうとしています。

また、自分の口下手のせいで、他人を不快にしたくないとも思うので、かえって口が重くなったりするのです。自分が変な人と思われたくないために、口数少なく、態度も控えめになっているだけなのです。非社交的に見えたり、気弱な人物に見られてしまうのは、そのせいですが、別に人間として劣っているわけでも何でもありません。

つまり、内向型という気質が、慎重に物ごとを判断するために、一見弱気に見えたり、やる気がないようにさえ見えることがあるだけ、ということです。

これは、人生において「損をしている」ことにはなりません。

人と人との「交わり」の部分において、「目立たない」というだけで、人間としての仕事の成果や、人としての価値観において劣っていることには決してつながらないからです。「弱み」どころか、センシティブで、思慮深く、鋭い観察眼が備わっている能力の裏返しにすぎないのです。

口下手の人でも、自分の好きな分野や得意な分野においては、饒舌になる人は大勢います。「ここぞ」という時にこそ、内向型の人は強いのです。

もう少し、具体的に「内向型」と「外向型」の比較を行っていきましょう。

「内向型」の人の長所と短所はどこにある？

「内向型」の人の長所と短所を見ておきましょう。まずは長所です。

※思慮深く、穏やかな態度。
※洞察力、観察眼に優れている。
※粘り強く、ブレない信念がある。
※繊細で控えめ、他人への思いやりがある。
※お世辞や追従《ついしょう》をいわないので、信頼される。
※静かな態度なので、誠実に見られる。

言葉数が少ないことで、かえって嘘のない人――という個性も際立ちます。
口が達者で「外向的」な人には、ちょっと出せない味なのです。
交渉ごとでも、ハッタリがないので、好感がもたれるでしょう。

では、「内向型」の人の短所は、どんなところでしょう。

※挨拶が苦手なので、相手にとっつきにくい印象を与える。
※雑談がうまくないので、会話が続かなくなる。
※無表情なので愛想がない人と思われがち。
※人前で喋るのが不得意なので、つっかえて訥弁《とつべん》になりがち。
※緊張するとすぐ固まるため、柔軟に動けなくなる。
※相手の反応に敏感で、取り越し苦労が多い。
※積極的に発言しないので、会議で目立たない。
※いるのか・いないのかわからず、存在感が薄い。

ざっと並べてみましたが、ひとことでいえば、**人との「交わり」の中で目立たないというだけのこと。**それほどの欠点でもなければ、弱点とも思えないのです。むしろ、長所のほうが、人として非常に魅力的といえるのではないでしょうか。

「内向型」の人こそ、大いに自信がもてる部分が多いのです。

「外向型」の人の長所と短所はどこにある？

では次に、「外向型」の人の長所と短所を紹介します。まずは長所からです。

※積極的で行動的なタイプに見える。
※リーダーシップがある。
※当意即妙なスピーチができる如才なさがある。
※愛想がよく、ざっくばらんに誰とでも雑談ができる。
※集団の中でもはっきり意見や主張を述べることができる。
※お世辞やゴマスリも巧みにいえる。

一見すると、「外向型」の人は、立ち回り方がうまい人といえるでしょう。
その場その場で、臨機応変に変わり身の早さで勝負できそうです。
極度に「外向型」の人は、縦横無尽に活躍できそうな理想の人のように思えます。

しかし、長所の反面もあるのです。短所を見ておきましょう。

※強引に物事を進めるタイプに見える。
※感情の起伏が激しいところがある。
※短慮に走り、計画的でないため失敗しがち。
※打算的な行動が目立つ。
※ハッタリだけで世渡りするような軽薄な一面がある。
※他人の心情への配慮を欠く、鈍感なところがある。
※目立ちたがりで、鬱陶《うっとう》しい。
※自己主張が強く、やかましい印象。

外向型の人は、当意即妙といえる場面もありますが、その場しのぎの思いつきを口にすることも多く、うっかり不適切発言で墓穴を掘ってしまいます。

総じて、「内向型」の人と比べ、慎重さに欠けるからです。

こうしてみると「外向型」の人は、非常にリスクが大きいともいえるのです。

口下手の人が「口下手のまま」でもよい理由

下手に「外向型」の人を真似るとドツボにはまる？

人と人との会話は、たいてい相手からの質問を受ける形ではじまります。

※「こんにちは、元気そうだね？」
※「最近、調子はどう？」
※「昨日、テレビで○○のドラマ、観た？」
※「A社との商談はどうだった？」

こんな話題を受け、それに言葉を返すことで会話のキャッチボールがはじまります。

しかし、口下手の人はこれが苦手です。

なにしろ「内向型」なので真面目で思慮深いのです。慎重に言葉を選んで発したいと思います。相手を不快にしたくないからこそ、いいかげんなことはいいたくないので、頭の中であれこれ考えます。そのため、言葉が軽快に出なくなるのです。「外向型」の人は、ほとんど何も考えずに、反射的に言葉を返します。

※「こんにちは、元気そうだね?」↓「元気だよ! きみも元気そうじゃん」
※「最近、調子はどう?」↓「うん、いい感じ!」
※「昨日、テレビで○○のドラマ、観た?」↓「観てないの! おもしろかった?」
※「A社との商談はどうだった?」↓「順調です! 次回に見積りを出します」

反射的に答えるのは無意識の反応だからです。考えずに本能で応じています。

ゆえに、質問の意味をとり違えて答えたり、無神経な言葉で返し、地雷を踏むこともあるのです。まさしく、思慮深くないので、ドジをやらかすのです。

口下手・内向型の人は、無理して「外向型」を真似る必要もないわけです。

ゆっくり喋れば、相手もペーシングせざるを得なくなる

外向型の人の口ぶりは概して早口です。反射的に応じるためにそうなります。そのため、よけいなひとことを発してしまい、トラブルを巻き起こすことも多いのです。不用意な発言が相手の心を傷つけたのに、そのことに気づかないまま素通りして、知らぬ間に相手に悪印象を残す事例は少なくありません。口が達者で外向的な人が、「慎重さ」「思慮深さ」を身に着けるべきゆえんです。

自分のうっかり漏らしたひとことで、「敵」をつくっているようなものだからです。内向型の人は、誰かから話しかけられると、すぐに言葉を返さなければ——と思い、焦る人が多いのですが、焦ってはいけません。

のんびり、ゆっくりのペースで応じればよいのです。
すると、相手も会話を続けたい場合には、ゆっくり話すようになるからです。
こちらが、ゆっくり喋れば、相手もそのペースに乗せられるのです。
これは、「ペーシング」と呼ばれる現象です。

人は、自分のペースを相手のペースに、無意識に合わせる習性があります。何かに怒っている人には、「まったく、そうだよね！」などと一緒に語気を強め怒ってあげます。悲しみに暮れている人には、しんみりした口調で応じます。笑顔で喜びを語る人には、「よかったねー、おめでとう」と明るく弾けるように返すものです。これがペーシングです。

そのため、早口で話しかけてくる人には、思わず早口で応じようとします。口下手で内向型の人は、こんな時、焦ってしまうのです。

ペーシングは、脳内のミラーニューロンという神経細胞によるはたらきです。他人の行動を、鏡のようになぞれる――霊長類ならではの「無意識の作用」として生じます。口下手で内向型の人は、これを「意識的」に利用して、相手が無意識に、こちらにペーシングしてしまうよう仕向ければよいのです。

つまり、こちらが、わざとゆっくり、言葉を区切って、噛んで含めるように話すと、相手もつい、ゆっくりしたペースで話すようになるからです。

テレビでお馴染みの、戦場カメラマンの渡部陽一さんのようにです。

カミングアウトで状況が変わる！

もうひとつ、口下手・弱気・内向型の人が覚えておきたいのが、カミングアウトする方法です。

※「すみません。私、内気なので話すのが下手ですが、お許しください」
※「申し訳ありません。私、訥弁なのでお聞き苦しいかと思いますが……」
※「すぐにドキドキして緊張する性質で、うまく話せなくてごめんなさい」

会話の早い段階で、このように告白してみましょう。
すると、面白いことが起こります。相手が親切に応じてくれるのです。

「いえいえ、大丈夫ですよ。ゆっくりお話しください」
「あ、全然気にしてませんよ。聞き苦しくなんてありませんから」

「あ、私もそうですから、ご心配なく。私もうまく話せないほうですよ」

このように、相手がすかさずフォローの手を差し伸べてくれるのです。**これは「援助行動」として知られる現象です。人は、目の前に「気の毒な人」「困った人」がいると、親切にしてあげなければ悪い――と思うのです。**

困っている、弱っている――と自ら告白する人に冷たい仕打ちはできなくなるのです。自分の「弱み」「欠点」を自己開示すると、相手も自分の「弱み」「欠点」を告白してきて、同じ「弱者」という立場になる人もいます。ここには、相手が弱みをあえてさらしたので、自分もお返ししなければ――という「返報性の原理」もはたらくからに他なりません。

人は、強がりをいい、傲慢な態度をとる人には、反発心が湧いてくるものですが、自ら「弱み」を告白する人には同情心が湧き、優しくなるものなのです。

口下手な人は、最初にこのように告白することで、アドバンテージが得られることも知っておきたいものです。

口下手・内向型の人も「存在感」は重要！

他者への存在承認をしない人は、自分もされなくなる！

口下手で弱気に見られる内向型の人は、「存在感が希薄」ともいわれます。控えめで、口数も少なく、行動も目立たないので、こうした見方をされるのです。これは、その人の気質上、致し方のない面もあるでしょう。

ただし、いるのか・いないのかわからない——というところまで、存在感が希薄になった人は、もう少し、自分の存在感を出しておくほうがよいのです。

周囲の人から、透明人間か幽霊のように思われていたのでは、あなたが何かをはじめる時に支障をきたすでしょうし、何かのプロジェクトが動きはじめる時、あなたの存在感が薄すぎるとお呼びもかからなくなって困るからです。

存在感がないというのは、承認されていないのと、ほぼ等しいのです。

人間にとって、存在承認（アクノリッジメント）は、非常に重要です。人の本能には、「承認欲求」がもともとありますが、内向型の人は、ともすれば孤独を愛するがゆえに、他者との関わりを避けるため、他人への存在承認が希薄になっている人が少なくないからです。

口下手で気弱に見られる内向型の人は、「外向型」の人と違って、孤独がさほど怖くありません。

自分は無視されているのではないか、嫌われているのではないか——と小さなことでも神経質になる反面、それならそれでもかまわない——とすぐに開き直るところもあるからです。気をつけたいのは、このあたりなのです。

他者への存在承認をしない人は、周囲からも存在承認されなくなるからです。他者への存在承認だけは、口下手で内向型の人も、怠ってはならないのです。

笑顔の「挨拶」で存在感アップ！

人と人は、出会いの瞬間、お互いを見て「安心の人」か「脅威の人」か——を見分けています。

美女やイケメンは、顔が整っているというだけで、中身までが優秀な人物と錯覚させられるので、当然ですが好ましい人物に映り、「安心の人」になります。このように、何か際立った特長があると全体までが高く評価されるのは、「ハロー効果」と呼ばれ、容姿だけでなく、権威ある肩書や社会的名声、評判などでも起きる現象です。

いっぽう、顔の怖い人、不機嫌な顔の人、苛立っている人、不愛想な人などは、「脅威の人」です。危害を加えられそう——という不安で緊張させられるからで、さしずめ、マイナスの「ハロー効果」がはたらくわけです。

こういう人は、「脅威」を取り除かないと、第一印象で損をしています。「脅威」を取り除き、**人に安心を与える顔の表情は「笑顔」です。笑顔は、人に安心を与える「絶対ツール」ということを覚えておきましょう。**口下手で弱気に見られる内向型の人も、努めて「笑顔」を表情に取り入れることが大事なのです。

口下手で、弱気に見られる内向型の人は、まず、「挨拶」が苦手です。挨拶と、それに続くちょっとした会話がうまくこなせない——という思いが消極的にさせるからでしょう。

しかし、挨拶は、存在承認を得るために基本的なものです。

朝、職場に出勤して、誰かれの別なく笑顔での「挨拶」ができる人は、存在感が際立ちます。多くの人に存在承認を与えるがゆえに、多くの人からの存在承認が返ってくるからです。

人には、パーソナルスペースという安心の領域、安心の縄張り空間があります。親しい人でも3~4メートル以内の距離に近づく時には、「挨拶」の声を発しなければ心理的なマナー違反にも相当します。

つくり笑顔が不得意なら、口角を少し上げ気味にして、アヒル口をつくるような要領で、「おはようございます」と声を発すれば、笑顔の表情に近づけます。

みるみる存在感が高まるカンタンな方法

朝の「挨拶」は、慣れれば自然にできるようになりますから、相手が返してくれようがくれまいが、儀式として行動習慣に取り入れていくことです。

口下手で、弱気に見られる内向型の人でも、朝の挨拶がしっかりできるようになると、確実に存在感が上がってくるからです。

今までは、口をモゴモゴさせて、はっきりしない口調で挨拶していた人が、しっかり挨拶するようになるだけで、周囲の認識がみるみる変わります。

もうひとつ、覚えておきたい「存在感」を高める方法は、行動する時に声を出すことです。口下手で弱気に見える内向型の人は、席にいるのか・いないのか、はっきりしない――という周囲の認識があるはずです。

名前を呼んでも返事がないので、席を見たらいつのまにか消えていた。

ホワイトボードの行き先を見てはじめて、営業に出かけていることがわかる――といったシーンが少なくないでしょう。

それもこれも、「声を出さない」ことが大きな原因なのです。

出かける時には、大きな声で「〇〇へ打ち合わせに行ってきます」などと、必ず告げましょう。

みんなに向かって声をかけるのが苦手なら、「〇〇課長、打ち合わせに〇〇に行ってきます」などと、誰かに呼びかければよいのです。

この時も、できるだけ笑顔で、溌剌《はつらつ》とした声を出すようにしましょう。

つくり笑顔が苦手なら、口角を上げ、アヒル口をつくる要領です。

そして、帰社した時にも、「只今、帰りました」と声に出して挨拶することです。

こうすることで、いるのか、いないのか忘れられたような「存在感の希薄さ」は、みるみるなくなっていきます。

口下手で弱気に見える内向型の人も、これだけのことで存在感を示せます。

「口下手・弱気・内向型」が「営業」に強い理由

世間の誤解とは大違いの実態とは？

世間の人たちには、大きな誤解があります。

それは、口下手で弱気に見える内向型の人は、外回りで多くの人と接する仕事である「営業職」には向かない――という定説を妄信していることです。

もちろん、この誤解は、口下手で弱気に見える内向型の人自身も、そう感じていることが多いでしょう。

そのため、こういうタイプの人は、多くの人と接しなくてもよさそうな、「企画職」「総務職」などの事務系職や、「研究開発職」などの実験系の仕事が自分に適職と考えています。

つまり、多くの人と接しなければならない「営業職」は、口が達者で強気に見える外向型の人のほうが、圧倒的に適していると思っているのです。

しかし、実際の営業現場で実績を上げている人には、口下手で弱気に見える内向型の人が少なくありません。なぜ、口下手なのに、商品説明やプレゼン力が問われる営業現場で成果を上げられるのでしょうか。


それは、「営業職」＝「社交上手」という勘違いが原因です。

お客さんの前で、ペラペラ口が回るのが営業マン――というイメージがありますが、実際の営業現場では、こんな営業マンは成績が上がりません。

口が達者で強気に見える外向型の人は、そのままでは仕事にならないのです。

むしろ、「営業職」になったら、口下手で弱気な内向型タイプを目指したほうが成績につながるからです。なぜなら、営業という仕事は、パーティーなどで如才なくふるまって、談笑を交わす「社交」とは似て非なるものだからです。

口下手で弱気に見える内向型の人の「聞く力」のすごさ！

営業の仕事は、お客さんのニーズを探ることですから、「喋る力」よりも、「聞く力」のほうが大事なのです。

営業の現場に配属された人は、マニュアルを詳細に頭に叩き込んで、お客さんの前で一生懸命説明しようとするものです。

しかし、そんな営業の話に、最後まで付き合ってくれるお客さんは、そうそういません。みんな忙しくて暇ではないし、買う気もないのに、売り込みトークを聞かされるのは苦痛だからです。

ウザイので、たちまち追い払われてしまいます。

このことに気がついて、営業手法を変えなければ、営業現場での生き残りは難しいでしょう。そのためには、「喋ること」から「聞くこと」への大転換を図らなければならないのです。しかも、ただ「聞く」だけではありません。

上手な「聞き方」が、営業の巧拙を分けるからです。

的確な「質問力」とそれに続く、巧みな「聞く力」がセットになって威力を発揮するのです。

口が達者で強気に見える外向型の営業マンには、なかなかこれが難しいのです。お客さんより、つい自分のほうが喋ってしまうからです。

お客さんの「困りごと」や「課題」を見出せないまま、売り込むための説明をいくら行っても、お客さんの心が動かされることはないでしょう。

「自分が喋って説得する」という姿勢から脱却できないと、お客さんのニーズはいつまで経っても見えないために、空振りを続けることになるわけです。


その点、口下手で弱気に見える内向型の営業マンは、お客さんを観察するのに長けていますから、的確な質問をして、お客さんにどんどん喋らせます。

聞き上手なので、お客さんを気分よく乗せていくことも、めきめき上達するのです。

営業職は、口下手で弱気に見える内向型タイプが強いゆえんです。

「口下手で弱気に見える内向型」だからこそ成功する！

世間が誤解しているだけで、口下手で弱気に見える内向型の人は、外回りで多くの人と接する「営業職」においても、才能を発揮できることがわかります。

書店の「営業本」コーナーに行き、沢山の営業本にお目通しいただくと自明のことですが、営業で成果を上げトップセールスマンになり、書籍を著している著者の多くは、「口下手で弱気の内向型タイプ」であることを告白しています。

このことには、読者の皆さんも驚かれることでしょう。

このような著者の多くは、苦手と思っていた営業職に配属され、世間の誤解通りに「口が達者で強気に見える外向型」の営業マンを見習おうとして、はじめは失敗しています。

しかし、自分の本来もっている「口下手」や「弱気」、「内向型」の部分をあえて隠さず、長所を生かす方法で、営業の極意をつかみ、成功しています。

口下手で弱気に見える内向型の人こそが、大きな可能性を秘めているのです。

外向型＝しゃべる
・・・
それについて
ではですね
この前もお話
したと
思うの
ですが
今回の〜
ペラ
ペラ
ペラ

内向型＝聞く
その通り
です
はい
はい
なるほど
それでは
この件に
ついても
お願い
しても
大丈夫と

第2章

「弱み」を「強み」に変える逆転心理術！

弱さを生かして、相手の懐に入り込む

「好き」と「嫌い」のメカニズムを知ろう！

内向的なあなたが、人の懐《ふところ》に入るためには、人が誰かを好きになったり、嫌いになったりするメカニズムを心得ておきましょう。

人が誰かを好きになるのは、相手を安心できる「味方」と認識し、共感できるところがあるからです。

嫌いになるのは、相手に脅威を感じて「敵」と認識し、共感できないところが多いからです。

たとえば、実際に会ったことがなくても、テレビに出てくるタレントに対しては、「好き」や「嫌い」という感情が湧くものです。

好きなタレントに対しては、その人の容姿や言動に好感がもてて、共感できるものがあるはずです。嫌いなタレントはその反対です。

しかし、嫌いなタレントでも、急に好きになる場合があります。

それは、その人の好ましい面を発見したり、自分と同じ趣味をもっていたりする場合です。

心理学では、「共通項・類似性の原理」と呼ばれる現象です。

初対面の人と会話をしていて、急に盛り上がったりする場面は、お互いの出身地が同じだったり近かったり、出身校が同じ、趣味やスポーツが共通する、好きなテレビ番組が同じなど、相手と類似の「つながり」を発見した時です。

人は相手に自分と共通するものや、似たところを発見すると、「味方」と安心し、共感してしまうのです。同じ仲間のように、安心感が得られるからこそ、相手に好意をもつのです。

「好き」「嫌い」という感情にはこうしたメカニズムがはたらいているのです。

「近似性・類似性・共通項」で好意が生まれる

つまり、人は、相手と共通項や類似性がまったくないと、会話も盛り上がらないばかりか、相手に嫌悪感すら覚えてしまうものなのです。

「猫が好き」という相手に、「猫は嫌いだし、そもそも動物に興味がなくて、かわいいと思ったことがない」などといっていると、次第に険悪なムードも漂いはじめます。

共感できるところがひとつもないと、安心できる相手ではなくなるからです。

学校のクラスメートよりも、部活やサークルなどを通じたメンバーのほうが仲良くなりやすいのも、好きなことを共有しているからです。

サークルなどで恋愛感情が湧きやすいのも、お互いが共感しやすい環境にあることが大きいでしょう。婚活するなら、スポーツジムや料理教室が意外にも手っ取り早いのは、そういう効用があるためです。

したがって、誰かと親しくなりたければ、相手の好きなコトやモノを事前に探っておいて、会話の中で「実は、○○が大好きで……」などというと、急に盛り上がって仲良くなれるものなのです。SNSや、周囲の人からの事前の情報収集が肝になります。

出世したい人は、直属の上司の好きなコトやモノに、自分も合わせておくと、上司から親近感を覚えられ、目をかけてもらえるようにもなるでしょう。

会社の中では、今や少数派でしょうが、喫煙者同士も、スモーキングルームでヒソヒソ語り合い、意外な連帯意識で結ばれていたりします。

つまり、このメカニズムは、幅広い分野ではたらくものなのです。

事例は少ないものの、嫌いなモノや苦手なモノが同じ――という場合でも、仲間意識が育めます。

「気の毒な事情」での共有体験があれば相手は優しくなる

ところで、口下手で、弱気に見える内向型の人は、あまり自分のことを語りたがりません。そのため、自分という存在を、周囲から見えにくくしています。

すると、誰かと共通するものがあっても、相手に気づいてもらえません。

それどころか、口が重いと、誰かと共通項や類似性をもつことを伝えることもできません。口下手で内気な人こそ、こうした「共通項・類似性の原理」を意識していくべきといえるのです。

パワハラ上司のみならず、自分につらく当たってくる先輩や同僚などに対して、「共通項・類似性の原理」は、「弱者戦略」としても極めて有効だからです。

たとえば、あなたにつらく当たる暴君課長がいるとしたら、その課長に対して自己開示してみるのもひとつの手です。

弱気部下「今朝のスピーチで、課長が母子家庭だったことを知り、とても驚きました。

実は私も小学4年で父を亡くし、中学から大学まで新聞配達をしながら、家計を補ってきたものですから」

暴君課長「ん？　きみの家も、母子家庭だったのか、ふーん、そりゃ、苦労もしたんだろうな。そうか、そうか……、まあ、頑張れよ」

生い立ちや境遇が、自分と同じように苦しかったことを知ると、暴君課長からのパワハラは少なくなっていくことでしょう。

弱気部下の姿を通して、自分を見るような「投影」が生じるからです。

「共通項・類似性の原理」がはたらく場合でも、このように気の毒な境遇や、同情すべき事情が共通している場合、とりわけ強く親近感を覚えるからです。

今後は、「援助行動」の作用も無意識にはたらいて、この部下には何かと目をかけることにもつながっていきます。

同じ病気で苦しんでいたり、貧困体験の場合でもそうなります。

「共通項・類似性の原理」をはたらかせる上で、このように「弱者の連帯」を刺激できるような事柄があったら、自己開示して伝えていきましょう。

「ハロー効果」を上手に使う

「ハロー効果」でハイスペックを演出する！

「ハロー効果」については、すでに紹介しました。

美女やイケメンが、その整った容姿だけで、人物全体に後光（ハロー）が差したように輝いて見えることです。頭も性格もよい、優れた人物に映ります。

ちなみに後光とは、仏像やキリスト教の聖人像の背景に光が放射状に広がって描かれる光背《こうはい》のことをいいます。

人には、何かひとつでも際立って優れた特徴があると、人物全体が輝いて見える、という錯覚現象のことをいうわけです。

権威や社会的評価、評判においても当てはまる現象です。
東大卒、ハーバード大卒、医師、ＮＡＳＡの研究者、有名人、富豪……など、いろいろな魅力があるでしょう。

たとえば、合コンなどでイケメンの男性ばかりが揃っているところに、一人だけイマイチな男性がいると、この男性は、ふつうは女性にモテません。

しかし、イケメンの男性たちがふつうのサラリーマンで、一人イマイチな男性だけが東大医学部卒の医師だとしたら、その人物の容姿が、どんなにイマイチでも、人間性まで素晴らしく映り、この男性が一番モテることにもなるでしょう。

このように、何かしら際立って優れたものがひとつでもあるとよいのです。

何といっても、飛び抜けて素晴らしく映るので、注目を集める効果は抜群になります。いきなりハイスペックな人物に見えてしまいます。

当然ですが、「ハロー効果」は、「弱者戦略」においても、非常に威力を発揮するので、使わない手はないわけです。

風評による「ハロー効果」の効用

「ハロー効果」は、美女やイケメンのように、外見の評価で、瞬時に効果が上がるものもあれば、権威や名声などの社会的評価のように、真偽が見定められないものの場合も少なくありません。

直接、本人に聞いて事実関係を確かめられないままに、「鈴木さんは、英語ペラペラの上に、すごく頭もいいらしいわ。高校からアメリカに留学してて、ハーバード大学を卒業したんですって」といった噂や風評の場合もあるでしょう。

しかし、これはこれで、それなりに効き目があります。

ただの評判でも、立派な社会的評価を形成するからです。

むしろ、「オレ、高校までボクシングやってて、大学の時にひったくり犯を捕まえようとして抵抗されたので、パンチでノックアウトしちゃったことがあるよ。一応、警察からは犯人逮捕で表彰状もらったけどね」などと、自分で告白する場合のほうが、

「ホンマかいな？」などと疑われたりします。

不思議なことですが、人は噂や風評のほうを信用するからです。

それこそ、真偽が不明なのに、人々の口に乗せられて広まった噂のほうを信じてしまうのです。

欧米では、自分に「ハロー効果」をはたらかせたい時に、わざと親友に頼んで、よい風評を広めてもらうといったテクニックまであるのです。

これは「マイ・フレンド・ジョン・テクニック」の手法です。

「ぼくの友達のジョンがいってたことだけど、ヘレンは、数学のコンテストで優勝したことがあるほど、頭脳明晰なんだってさ」などと、人の口を勝手に借りる手法です。

本人がいうことよりも、第三者の誰かがいってた――というほうが信憑性が高まるからです。

口下手で弱気に見える内向型の人も、誰か第三者に、自分の風評を語らせることで、周囲から一目も二目も置かせる手法を取ってみるとよいでしょう。

ネガティブな「ハロー効果」での防御策

たとえば、学校でいじめを受けている学生の場合、こんな噂を親友に頼んで広めてもらうのはどうでしょうか。

親友「お前ら、吉田のことを平気でいじめてるけど、吉田の兄貴って、空手の達人らしいぞ。気をつけたほうがいいんじゃないの」

これは、「マイ・フレンド・ジョン・テクニック」を使ったネガティブなほうの「ハロー効果」です。

こういう噂があると、いじめの常習犯もいささか戸惑ってしまうでしょう。

いじめやパワハラは、反撃されないことを前提に行っているため、いったん反撃の構図をリアルにイメージすると、ヤバイと気づきます。

いじめやパワハラにあっている被害者が、一度キレてみせたら、その形相にひるみ、二度といじめやパワハラは行われなくなるはずだからです。

いじめやパワハラの加害者は、対象の被害者を下に見ているわけです。絶対に反撃してきたり、被害を公に訴え出ることはない――とタカをくっているのです。やり返される恐怖を感じれば、行状は改められるのです。

口下手で弱気に見える内向型の人が、強者にいじめられたり、パワハラ上司の被害にあわないためにこそ、日頃から対等で自立的にふるまう「アサーティブ対応」が不可欠なのです。

しかし、それができるようになるまでは、「マイ・フレンド・ジョン・テクニック」を使った「ハロー効果」で防御壁を築いておくことも大事でしょう。

「吉田くんは、うちの創業者で会長の竹中権左衛門の遠縁にあたるそうだよ」

「吉田は、密かに社長や専務と釣りに行く仲間だそうだ。〝釣りバカ〟関係だぞ」

「吉田って、学生時代に空手の修行をしてて、キレると怖いらしいぞ」

こんな噂があると、一目も二目も置かれ、いじめもパワハラもなくなります。

「共通の敵」をつくる戦略もあり

上司と沢山の「共通項」をつくることの重要性

米国の心理学者フリッツ・ハイダーが唱えた「バランス理論」は、3者間の心理状態の均衡を探る時の、有名なテクニカルタームになっています。

上司A、部下B、部下Cという3者の関係がある時、上司AがBとCを可愛がっている場合は、BとCの関係も良好です。

しかし、上司Aが、Bを好み、Cを嫌っていると、BとCの部下同士の関係は不均衡となり、良好とはいえず微妙なものとなります。

この場合は、BもCを嫌うと、やがてCもBを嫌い、AとBの関係もより均衡が保たれるようになり、良好な関係になるわけです。

つまり、Aにとっての Bは「敵（C）の敵（B）は味方」という関係になるからです。

口下手で弱気に見える内向型の人は、Cにならないよう気をつけないと、他の部下からも仲間外れにされる危険性が高い――ということなのです。

すでにお伝えした通り、「共通項・類似性の原理」を応用して、上司との関係を良好に保つ必要があります。

上司が、猫好きなら、猫好きになることです。

上司が、ワイン好きなら、ビール好きをやめて、ワインを好きになる努力をしましょう。

こうした共通項をたくさんつくることで、可愛がってもらわないと、いじめられたり、パワハラ攻撃を受けたりしかねないからです。上司が嫌いなモノや人がいたら、あなたも嫌いになるとさらに効果が増します。

「敵」の存在が相手との距離を縮める

特定のモノや人を嫌いと感じるのは、「敵」だからです。

共感できないところが多いほど、「敵」という認識は深まります。

したがって、上司の「敵」と、あなたが仲良くしたりするのは、絶対にマズイわけです。「敵」と通じているなどとなったら、あなたも「敵」になるのは、「バランス理論」の示す通りになるからです。

上司が野球の巨人嫌いなら、あなたも巨人嫌いにならないといけません。

上司のライバルも「敵」ですから、あなたがライバルと仲良くなっては、いけないのです。

むしろ、「共通の敵」をつくることで、上司とは固い絆が結べます。

あなたが上手に「敵」の情報を探り、上司に報告することです。

情報を届ければ届けるほど、あなたとの関係性も深まります。

共通の敵をつくろう

「共通の敵」の存在は多ければ多いほどよい

「共通の敵」は仮想敵でも構わないし、新たにつくるのでもよいのです。

上司が、嫌いになりそうなネタを沢山提供することで、仮想敵をつくったり、仮想敵を本物の「敵」に仕立て上げると、沢山の「共通の敵」ができて、あなたとの関係性が密になるからです。

上司とあなたという2人の関係にとって、「共通の敵」は、秘密の存在です。ライバルを「敵」と見定めていることがバレたら、「返報性の原理」で、相手もこちらを「敵」と見做して攻撃してくるとも限らないからです。

秘密の事柄をより多く共有していると、共犯者のような関係になり、絆は深まります。

そして、上司の敵愾心《てきがいしん》を煽るほどに、あなたのミスやドジも見逃してくれやすくもなります。

「敵」への集中が、周辺への目配りを忘れさせるからです。

これは昔から行われてきた方法です。

お隣の中国では、日本を「敵」と見定めて、「反日」を煽り、国民の共産党独裁政権への不満を逸らしています。

これが、国家戦略になっていますから、驚くばかりです。

「共通の敵」をつくると、目の前の不満や批判も、すべて「敵」に代替化されていくからです。「悪いのは、すべて日本が原因」となるのです。

ゆえに、「自分にとって都合のいいこと」を国民に吹き込む洗脳教育が、これからも永遠に行われ続けます。

口下手で弱気に見える内向型の人の「弱者戦略」として、「共通の敵」は沢山あったほうがよいわけですから、あなたも「自分にとって都合のいいこと」を上司に吹き込むことです。

「共通の敵」の存在が、「強い味方」という意識を強固に育んでくれるからです。

「弱み」をさらせば攻撃を避けられる！

役割行動は主に3タイプに分類される

　無口で大人しいタイプは、学校でも職場でも、「弱者」と見下されてしまい、「強者」に利用されます。逆らうことができない従順なタイプと思われやすいからです。もちろん、ここでいう、この場合の「強者」というのは、本当の「強者」ではありません。わがままで自己中心的な人間です。横柄に他人を支配しようとする人のことを指して便宜的に「強者」としています。

　ところで、すでに、人は「役割」を演技しているにすぎない――とお伝えしました。いろいろな役割がありますが、ここでは、人を3タイプに分類してみます。3パターンに分けた場合の、それぞれの人の「役割」を見ておきましょう。

※アグレッシブ・タイプ=積極的・能動的・支配的にふるまう。
※パッシブ・タイプ=消極的・受動的・従属的にふるまう。
※アサーティブ・タイプ=自立的・客観的・公正中立にふるまう。

これら3タイプのうちのどれかを、場面に応じて、使い分けているのが人間なのです。たとえば、ある人は、職場では従属的にふるまうパッシブ・タイプでも、家庭では支配的にふるまうアグレッシブ・タイプだったりするものです。

本当に「強者」といえるのは、3タイプの中では、アサーティブ・タイプだけなのですが、職場や家庭では、アグレッシブ・タイプが一般的に「強者」とされています。他人に対して暴君だったり、パワハラを行う人もいるでしょう。

アサーティブというのは、自立的・客観的・公正中立で、自分の人格も他人の人格も尊重する「大人」です。感情でなく、理性で判断して動こうとする人なので、こういう人が本来一番の「強者」ともいえるわけです。

アサーティブ対応の例

アサーティブ・タイプは、アグレッシブ・タイプに挑発されても動じません。

暴君上司「お前、今月中に契約取れなかったらどうするつもりだよ」
冷静部下「頑張っているので、そういういい方は心外ですし、困ります」
暴君上司「どう責任を取るつもりかって聞いてんだよ、バカ野郎！」
冷静部下「課長、職場で『バカ野郎』は、不適切かと思いますが」
暴君上司「うるせーな、いちいち。ま、いいや、覚悟しとけよ……」
冷静部下「は？　あの、覚悟とはどのような？」
暴君上司「もういい、席に戻れ……（トーンダウン）」

文字だけでは、わかりづらいかもしれませんが、暴君上司のパワハラ攻勢が、トーンダウンしていった会話例です。暴君上司は部下を挑発して追い込もうとしますが、動じない態度の部下に、最後はペーシング（同調）してしまいます。

暴君上司が怒りをぶつけると、多くの部下は、萎縮するのがふつうです。これが、暴君上司の行動の予定調和のはずでした。怒りをぶつけて相手が震えて縮み上がるのが、この場合、無意識に部下が取るペーシングです。

しかし、アサーティブ・タイプの部下は、冷静に落ち着き払って、暴君上司に対峙しています。意識的に冷静に対応しているといってもよいでしょう。

このように、相手にペーシングしないのをディスペーシング（反同調）といいます。ただし、ディスペーシングといっても、冷静な部下は、けっして反抗的な態度でのディスペーシングではありません。適度なディスペーシングです。

反抗的なディスペーシングだと、この場面では、罵り合いの応酬になる可能性が高く、結果的には、そのディスペーシングが、相手と争う相互ペーシングになってしまうからです。

このような場面では、適度なディスペーシングで、相手の人格攻撃をすることなく、アサーティブに不適切発言だけ指摘することが、模範的対応になります。感情的にならず、理性的に対応して上司を部下の態度のほうにペーシングさせるのです。

理想は「アサーティブ対応」で、秘策は弱い自分をアピール！

暴言を吐いてくる相手には、このように、適度なディスペーシングで応じることで、相手の感情的な態度を、こちらの冷静で理性的な態度にペーシングさせてしまうのが、最も模範的かつ理想的な対応なのです。しかし、これは、腹を括《くく》ってイメージトレーニングを繰り返して訓練しておかないと、とっさの時にはとてもできない対応です。怒鳴られると、瞬間的に縮み上がってしまうのが人間だからです。ただちに、冷静沈着な体勢を取り戻し、アサーティブ対応ができるようになるためには「慣れ」も重要です。

日本の警察パトロールの24時間に密着するテレビ番組がありますが、タチの悪い酔っぱらいや、反抗的な態度で挑んでくる不良などへの、警察官の対応は実に見事です。外国であればただちに実力で制圧するところを、日本の警察官は冷静に落ち着いた態度でアサーティブ対応を試みていることが多いからです。

これは、警察官が日頃から、暴漢への制圧術を訓練した上、パトロールで常時、色々な人たちと接触し続けて「慣れている」からに他なりません。

したがって、口下手で、弱気に見える内向型の人が行うのは、少々ハードルが高いかもしれません。その場合のもうひとつの「秘策」をお伝えしておきます。

暴君上司「お前、今月中に契約取れなかったら、どうするつもりだよ」
弱気部下「あ、あの……あ、頭が痛いんですけど……（眉間を押さえる）」
暴君上司「何いってんだよ、お前。ん、しゃがみこんでどうした？」
弱気部下「頭が痛くて、た、立っていられません……（苦しそうにうめく）」
暴君上司「おい、大丈夫か？　頭が痛いって……、おい、救急車呼ぶか？」

このように、体の弱さをアピールしてみましょう。あとで上司には偏頭痛の持病があり、大きな音や怒鳴り声で突然発作に襲われることを伝えることです。

自分の目の前での病変を一度でも目撃すると、潜在意識に恐怖が宿ります。

自分の責任が問われかねないので、以後のパワハラはなくなります。

「家族ぐるみ」を利用する

リストラの嵐が吹き荒れる！

日本中の企業が、リストラを行うのは当たり前の時代になってしまいました。希望退職募集という名のあぶり出しや、「能力再開発」といった類の看板を掲げての「追い出し部屋」の設置など、あの手この手で従業員を辞めさせ、安い賃金の非正規雇用労働者への置き換えが常態化しています。

リストラは、あらかじめ人数の目標を定めてから行います。各部署の責任者は、「きみの部署で5人」「あなたの課は3人」など、人事部からの割り当てがあります。

退職者が、この割り当て人数に満たないと、当然ながら、部署の責任者の査定も悪くなります。

部署の責任者が目標未達だと、挙句の果てには「1人足りないから、お前が辞めろ」などといわれかねないので、何が何でも目標必達に向けて、あの手この手で追い込みます。

まことに残酷な、情け容赦のない椅子取りゲームになっているのです。

こんな会社には、残ったところで、将来もろくなことはないのですが、無能な経営者が利益を出すための、手っ取り早い手段は、コストカットしか思いつきませんから、人口減少、賃金減少の内需縮小で、ますますリストラは横行します。人手不足などといったところで、非正規雇用の人員が足りないだけで、正規雇用は年々減っていきます。

こんな時代では、まずは会社にできるだけ長くいて、せっせと副業に励んで将来困らないよう、個人の能力基盤を整える他ありません。

しかし、どうやったら、リストラの対象者にならないですむのかが問題です。

「家族そろって」の戦略

各部署の責任者が、リストラの対象者にするのは、「①嫌いな人　②無能な人」の順ですから、どんなに優秀な成績を上げていても、上司が嫌いな部下はリストラされます。そして、無能でも、上司に気に入られていれば、対象者から外されるのは、よくあることです。

つまりは、リストラの対象者から逃れる手段は、基本的に上司に気に入られることに尽きるわけです。

口下手で弱気に見える内向型の人は、日頃から積極的に上司の懐に入ろうとしていないために、嫌われていなくてもリストラ対象者にされかねないので、気をつけないといけません。

では、そんな人の「弱者戦略」はどうすべきでしょう。
答えはカンタン、やはり好かれる以外に選択肢はないのです。

となれば、ありきたりの方法で上司の懐に入り込む方法を考えるより、積極的に上司の「生活圏」に入り込んでしまうことを考えたほうがよいでしょう。

つまり上司がリストラしたくてもできないような関係性を構築することです。それにはまず、直属上司よりも、さらにその上の上司、あるいは、そのまた上の社長や役員クラスを照準に定めて、関係性を構築しておいたほうが、戦略上の優位性や担保力もあるでしょう。

難しいかもしれませんが、いちばんいいのはその上司の家の近所に引っ越すことです。こうすれば、しょっちゅう顔を合わせることになるからです。

「ザイアンスの法則」の第2原則「人は会えば会うほど好意をもつ」という単純接触の原理です。もちろん、途中で嫌われないよう、面倒くさがられないよう単純接触することです。

これを上司本人だけでなく、上司の奥さん、子供などの家族に対しても行うことです。昔あった社宅・在住家族の序列関係を日常生活に取り入れるのです。

自分の家族にも「そんなの息苦しくてイヤだわー」などと、いわれないように協力者になってもらわなくてはいけません。

意外にも「見返り」が大きい「弱者戦略」！

何といっても、これは当面の「生き残り策」です。

今の会社をリストラされるよりマシと思えるなら、こんな時間稼ぎをやりながら、独立自営が成り立ちそうな副業に邁進するよりないからです。

大事なことは、上司の家族と出会ったら、奉仕することとです。

相手は、自分のために動いてくれる人ができると、とても嬉しいのです。

これを第一に考えて、次のようなことを心がけると、上司とは一見「家族ぐるみの関係」になれます。内実は「家族まるごとの従属関係」なのですが、この際、当面のサバイバル策と割り切って、次のようなことを心がけます。
※上司の家族構成や置かれた環境を考えて、どんなサービスができるかを熟慮する。
目的は、家族の奥深い所にも入り込むことです。
※上司の子供へのサービスは、子供の気持ちをつかむことが大事です。すると、家族

でのピクニック、運動会、ピアノの発表会、イベントの付き添い、小旅行にまで呼ばれるようになり、両親の不在時の留守預かりや臨時送迎、買い物代行とサービスの幅がどんどん広がります。

こういう関係性が構築できると面白いことが起こります。**会社の中でも目をかけられますから、直属の上司などは、自分の部下であるあなたにも気を遣うようになります。**自分の弱みをいわれたら困るからです。そんな様子を見て、他の従業員も、だんだん気を遣ってきたり、ゴマスリをしてくる社員まで現れます。漫画のストーリーみたいな荒唐無稽な話に思われるかもしれませんが、実は日本的情緒社会ではこうしたことはよく起こっています。

筆者の周囲を見渡しても、東証一部の機械メーカーで最終的に役員まで昇格して最後は子会社の社長になった人、某放送局を牛耳る一族に取り入って部長に昇進、一族の後押しで県会議員を務めている人などもいるのです。もちろん、尽くす相手を間違えるとこうはいきませんが、相手を見定め実行すると、かなりの見返りも期待できる、立派な「弱者戦略」になるわけです。

「先生」と「生徒」の関係を利用する

「似ている・同じ」が共感を呼び「好意」を育む

部下が、上司と仲良くなっていく過程で重要なのは、すでに紹介の通り、「単純接触の繰り返し」と「共通項・類似性の原理」のセオリーです。

これは、男女間の交際においてもまったく同じです。

男女が仲良くなるためには、コンタクト(接触)が多くないと、お互いが馴染んでいかないからです。

しばらくすると、お互いが似ているところ、共通項に気がつきはじめます。

共感できるところが次々と見つかっていくにしたがって、お互いの相手への「いいね！」が増えて、恋愛モードにも入っていけます。

お互いに共通するところがなかったり、共感できることがないと、「この人は自分に合わない」と悟ります。

生育環境がまったく違う、生活スタイルが違う、趣味や嗜好が違う、性格も似ていない、何から何まで異なっていると交際に入っていけないわけです。

したがって、相手が好きだけど自分が嫌いなモノがあれば、自分も相手に合わせて好きになったり、相手が嫌いだけど自分が好きなモノがあれば、自分も相手に合わせて嫌いになる努力も必要になるわけです。

上司が、ジャニーズファンなら、部下もジャニーズファンになるとよく、上司が日本酒党なら、部下も日本酒党になるとよいわけです。

この場合は、部下が上司に迎合する形ですが、逆の場合もそうなります。

やがてお互いの「相違点」も明らかになってくる！

こうして上司と部下との「好意」と「信頼」の関係は深まりますが、お互いを知る過程で、徐々にお互いの「異なる点」も明らかになってくるものです。

とりわけ、能力やスキルといった部分では、ギャップも大きくなるでしょう。

※上司は、業務遂行能力における経験値が高く、部下は低い。
※上司は、英会話が得意でも、部下は英会話が苦手。
※上司は、下戸《げこ》で酒席が苦手でも、部下は酒豪で座持ちがうまい。
※上司はパソコンが苦手でも、部下はパソコンが得意。

このようなお互いの違いが、明らかになる過程で大事なのは、相手をサポートする姿勢です。一方が得意なものがあるからといって、それを鼻にかけていたのでは、関係性にヒビが入ります。スキルの優位なほうが、劣っているほうを全面的にフォローする姿勢が肝になります。

「相補性」がはたらきはじめると強固な関係が築ける！

人間関係は、最初の段階では「似たところ・共通項」が沢山あることで、親しみが湧き、お互いに「好意」を醸成させますが、一定の信頼関係ができた段階になると、お互いの「異なる点」も認識していくようになるのです。

そこで、お互いに「自分の足りない部分を相手に補ってもらう」「相手の足りない部分を自分が補ってあげる」という関係に発展するのです。

容姿がイマイチな男性が、美女とカップルでいる場合などは、男性の経済力が、女性の貧乏を補い、女性の美貌が、男性の容姿のイマイチさを補い合っている関係といえばわかりやすいでしょう。

この段階になると、上司も部下を守り、部下も上司を守る関係ですから、がっちりスクラムを組んで、困難にもお互いが協力し合って立ち向かうという非常に理想的な関係が構築されてきた——といえるわけです。

このように、お互いが「先生になったり、生徒になったりする関係」を心理学では

「相補性《そうほせい》の原理」と呼び、次のような人間関係の5つの深化課程において、第4段階に位置付けています。

《第1段階》出会い……第一印象の形成（安心か脅威かのイメージ形成）
《第2段階》親近化……単純接触の効果（よく見かける・時々言葉を交わす）
《第3段階》定着化……共通項・類似性の原理（似ている・同じなどの近似性）
《第4段階》安定化……相補性の原理（得意・不得意分野を補い合える関係）
《第5段階》深化……自己開示の効果（悩みやプライバシーも打ち明ける関係）

最後は、お互いのプライバシーに踏み込んだところで行われる「自己開示」という段階です。こうした段階を手順よく踏んでいくことで、口下手で弱気に見える内向型の人も、スムーズな人間関係を築いていくことができるのです。

口下手で弱気に見える内向型の人は、引っ込み思案になりがちですが、適宜自分からもメッセージを発信していかないと相手に届きません。

大事なことは、自分の個性を見えにくくしないことなのです。

ある時は生徒…
そこはショートカットできるのよ
わっ
知りませんでした〜
相補性の関係
ある時は先生…
これはどう訳すの？
それはですね
English

第3章

一瞬で「弱者」が「強者」になれる逆転心理術！

「謝罪」をさらに効果的にするには…？

ミスや失態を誤魔化すとどうなる？

ミスや失態があった時には、潔《いさぎよ》く謝罪するのが、最も正しい対処法です。

ミスや失態の「隠蔽《いんぺい》」を図ったりすると、そうした工作が露見した時、迷惑を被った側の怒りは、とてつもなく大きくなるからです。

しかし、ミスや失態があっても、それがどこにも発覚していない状況であり、黙っていれば時間の経過とともにウヤムヤになりそうな時は心が揺れます。

このまま、何もいわなければ何とかやり過ごせそう――と思える場合です。

これでやり過ごすには、万一発覚した時でも、「ミスや失態に気づかなかった」といういい逃れができることが必要です。もちろん、それでも謝罪は免れませんが、不可抗力だった点を強調すれば、「隠蔽工作」をしなかったぶん、罪は軽くなるはずです。しかし、「気づかなかったはずがないだろう」という強いツッコミにあうと、嘘つきのそしりは免れないかもしれません。

つまり、わざと気づかなかったフリで、やり過ごそうとした——という状況証拠までが、あとからバレると、「れっきとした隠蔽工作」と認定されて、被害を受けた側を逆上させることになるからです。

やはり、自分がミスや失態を犯した時には、潔く、さっさと非を認めて謝罪する他ないのです。そうすれば、自分の犯した過ちを認める態度が、人としてまっとうである——ことの証明にもなるからです。

むしろ、うまく謝罪すれば、「正直者」という印象も抱かれます。

ミスや失態は、誰にでも生じるものですから、この際上手に謝罪し、早く相手の怒りを鎮静化する方法を覚えておいたほうが役立つでしょう。

「疑似ペナルティー」の演出で同情を得る

ミスや失態を犯してしまった時、謝罪の効果を有効にし、相手の怒りを大きくさせない方法には2つあります。はじめに紹介するのは、「疑似ペナルティー」を演出する方法です。この方法は、相手の脳を混乱させるので、かなり効果的です。

※遠方の実家が火事になった――。
※自宅に泥棒が入った――。

こんな事例をでっち上げ、一気に生気を失い、青ざめた表情で落胆することです。2日ばかりこの状態でいると、周囲は大いに同情してくれます。その間隙を突いて、自分のミスや失態の報告に及ぶのです。

部下「申し訳ありません。実は1万部刷ったパンフレットに重大な校正ミスを発見しました。私の落ち度です。刷り直すしかなくなりました……」

上司「な、何だって？　あれほど入念にチェックしろといったのに、今頃になって校正ミス？　ふざけるな！（怒）」

部下「はい、申し訳ないです。何だか疫病神に取りつかれてるみたいで（涙目）」

上司「ん？　疫病神……？　そういえば、お前のところ、泥棒に入られたんだったな。油断しすぎだろう。しっかりしろよ……（トーンダウン）」

ここで、上司の脳裏には、部下が昨日と今日の2日間にわたり、泥棒に入られたショックで、さんざん憔悴《しょうすい》し落ち込んでいた姿が、にわかに甦ります。

その姿が鮮明に思い出され、目前の部下の大失態の報告とが重なるのです。

すると、何だかやりきれない思いと同時に、部下を怒ることより、情けない部下のその姿に、哀れみさえ感じさせられるわけです。

人は不思議なことに、あまりにも気の毒な人間を目の前にすると、怒れなくなるのです。すでに2日間にわたって、その部下がペナルティー（懲罰）を前もって受け続けていたような錯覚も生じるからです。

「時間差謝罪」で脱力！

もうひとつの「怒り」の鎮静化に効力のある謝罪方法に、「時間差」を利用して、2段階で詫びる——というものがあります。人間の危機対応型の脳を利用した謝罪方法で、小さいミスや失態の時に使うとよいでしょう。

まずは、最初にとんでもない大失敗をやらかした——と報告します。

部下「大変申し訳ございません。わたくし、重大なミスをしてしまいました。申し訳ございません。のちほど詳細はご報告いたします」

上司「ええっ？　ど、どういうこと？　いったい何をしてくれたの？」

部下「はい、申し訳ございません。のちほどご報告いたしますので……」

上司「おい困るよ！　いったい何をやらかしたの？　今いってよ！（怒）」

こういって、すぐさま最初の謝罪を中断して離れるだけのことです。

これから、しばらく時間を空けることが肝になります。

人間の脳は、危機対応型の脳です。何か危険な「兆候」を察知しただけで、緊張が走り、あれこれ危険を予想します。これが、危険から身を守るべく、猛獣や自然災害から逃れ、人類が今日まで生き延びてきた本能行動だからです。

重大なミスをした、といわれれば、その事実を掌握したくなります。

それなのに、説明もされずに謝罪だけされたのではたまりません。

上司の頭の中には、「重大なミス」についての心配が大きく広がるばかりでしょう。

それから頃合いを見て、2回目の謝罪を行えばよいのです。

部下「誠に申し訳ありません。実は、わたくしの入力ミスで、チラシの発注が予定より2日遅れます。ご迷惑をおかけして本当に申し訳ありません」

2日遅れても問題ないものなら、上司は安堵します。悪い予想が外れ、大したミスでもないと拍子抜けします。怒りもたちまち鎮静化するのです。

本音を覗かせてくれない人の「心を開かせる」ためには？

ストレートな質問でなく、軽く尋ねる

「口下手で弱気に見える内向型の人」は、真面目で誠実で控えめな人が多いものです。そのため、他人から軽く扱われる——といったこともあるでしょう。

会話中に、「それは、具体的に、どういったことが該当しますか？」などと質問しても、「そこまでは、あなたに教えられませんね」などと意地悪な返事をされたりするわけです。

この際、そういう場面も含めて、相手が答えたくない事柄や、秘密にしておきたい事柄などを、上手にさり気なく聞き出す方法を覚えておきたいものです。

ストレートに質問すると、かえって口が重くなりそうな話題は、あたかも「別の話」

をするかのように、枕のセリフを工夫するとうまくいきます。

たとえば、40代半ばの人の年収を知りたい時には、次のように軽い感じでいきます。

質問者「一般的な話なんですけど、御社ぐらいの大きな規模の会社ですと、30代後半で、もう年収1千万円ぐらいには届いてるんですかね?」

回答者「いやあ、それは昔の話。今は40代半ばぐらいで届くかどうかです」

一般的な話どころか、実際には、直球で相手の会社のことを聞いているのですが、枕に「たとえばの話」「仮の話ですが」「一般論でいうと」などの言葉があると、自分のことを探られていることに気づかなくなります。

一般的な話をしているような錯覚に陥るので、ついポロッと口が緩むのです。

男性「もしかして、きみぐらい美人なら、もう20人以上と付き合ってるよね?」

女性「そんなにいないわよ。長く付き合えば、人数は5~6人がふつうでしょ」

たったひとことで、人の返事は変わる！

わざと誤った情報をぶつけた場合でも、本音や秘密に迫れます。

当方「こういう商品の原価率ってものすごく低いんでしょ？　人件費の安い東南アジアで加工して、10％もない仕入れ値だから儲かるでしょ？」

先方「とんでもない。これ国内産を国内工場で加工して、原価率は4割ですよ」

見当違いの話をされると、つい訂正しておかなければ――という使命感から、本音や秘密を漏らしてくれます。噂話として水を向けてもよいでしょう。

女性「○○さん、美人としか付き合わないって噂を聞いたけど、本当？」

男性「ええっ？　誰がそんなこと……。親しみやすい人のほうが好きだよ」

また、人は自分の話を否定されたり、疑ったりされると気分を害します。するると、思わず証拠まで見せてくれたりするのです。

当方「ホントですか？　それ、信じられません、嘘じゃないですか？」
先方「嘘じゃないよ。ちょっと待って。ほら、スマホの写真見せるよ」

自分から嘘の「自己開示」をして、相手からの「自己開示」を促し、秘密を告白させる方法もあります。

同僚A「実は、僕、前に経理のマリちゃんと、デートしたことがあるんだ」
同僚B「えっ？　ホント？　それ。オレ、今マリちゃんと付き合ってるけど、ホントにお前とそんなことがあったのか？　聞いたことない」
同僚A「えっ？　お前、やっぱりマリちゃんと付き合ってたのか。あはは、いや、オレの話は冗談だ、気にするな。何だ、やっぱり、そうだったのか」

意表を突く「自己開示」であるほど、驚いた相手からの本音が漏れてきます。

誰かの話についてどう思うか——などと、意見を聞くだけでも、相手の本音や本心を引き出すことができます。当人の意見に本音が混じるからです。

当方「私の知り合いの年収1千万円の人から、1千万円なんて大して高給取りじゃない——といわれたんですが、どう思います？　私、もらったことがないので、どんな感じなのか、知りたいんですけど」

先方「私も、そこまでの年収もらってないからなあ。どうなんだろうね」

当方「えっ？　そうなんですか？　てっきり超えてると思ってました」

また、2択の質問にすると、「答え」が限定されるので、傾向がつかめます。

女性「もしかしての話、私と○○さんと付き合うしかない場合、どっちにする？」

男性「うーん、きみのほうが、優しそうだから、その場合はきみかな」

本音を知りたい時は？
仮定の話をする
もしかしてボーナス50万超えたとか
おっなんで知ってるの？
わざと見当違いのことを
それ彼氏にもらったんだっけ？
違うよ彼氏いないもーん
2択で探る
和食と洋食どちらがお好きですか？
中華だなギョーザが好きで
さりげなく
心を開かせる聞き方を！

強気な相手の決断をひっくり返すためには？

口が達者で強気な外向型の人の「決断」は覆りやすい

口下手で弱気に見える内向型の人は、結論を出すまで慎重に考え、いったん決断するとブレない強さをもっています。いっぽうで、口が達者で強気な外向型の人は、意外にコロコロ考えを変えます。よくいえば柔軟ですが、思考が短絡的、直情的ともいえるでしょう。こういう相手の扱い方を覚えておくと便利です。相手の決断を覆すべく説得する際、威力を発揮するからです。

強気の先輩「私、悪いけど今日の合コン参加するのやめるわ。あなたたちはまだ20代半ばでいいけど、私、来月で30歳だしね」

弱気の後輩「ええっ？　先輩、急にそんなこといわれても困ります……。女性5人、男性5人の合計10人でお店も予約してるんですよ」

強気の先輩「10人の予約が9人になっても店は対処できるわよ。今から電話すればいいじゃない。全員がドタキャンじゃ困るだろうけど」

弱気の後輩「でも、相手の男性陣に悪いじゃないですか」

強気の先輩「仕方ないわよ。何か私、行っても虚《むな》しいのよ」

弱気の後輩「何が虚しいですか？　私たちの中では、先輩が一番ステキで、いつも先輩が一番モテてるし、今まで一番いい思いしてますよ」

強気の先輩「ふふ、まあね。でもね、合コンはお金と時間の無駄と悟ったの」

弱気の後輩「今日だけ参加してください。今日の参加男性は、イケメンぞろいでマスメディアでも紹介された有名なS社の人たちですよ。今日参加しないと、今までのお金と時間と努力が、無駄になりますよ」

強気の先輩「うーん。そうかもね。じゃあ、私も頑張ろうかな」

先輩への説得で、功を奏したセリフは何だったのか、おわかりでしょうか。

「もったいない」のひとことで引き返せなくなる！

わかりにくかったかもしれませんが、過去に一番モテていたことを思い出させ、今日の男性陣はイケメンぞろいとイメージさせた上で、参加しないと今まで合コンに費やしてきたお金と時間と努力が無駄になるというセリフが彼女の背中を押したのです。これは、あらゆる場面で使われる「説得手法」になっています。

生徒「先生、今月で英会話スクールやめます。ちっとも上達しないので……」
先生「やめる？　もったいないね。かなり上達したのに。ここでやめると、今までの時間や努力や月謝が、ぜーんぶ無駄になりますよ。いいの？」

こういわれると、決意が揺らぐのです。**これを「サンクコスト効果」と呼びます。サンクコストとは、埋没費用のことで、これに呪縛されるのです。**

人は、何かを得るよりも、失うことのほうに敏感になるのです。

行動経済学で明らかにされた「プロスペクト理論」が証明しています。

株式投資では、この株は上がると思って買ったとたんに値下がりすることはよくあります。しかし、この時また上昇すると楽観的に考える人が多いのです。5%下がったら売るなどとルールを決めていないと、値下がりしているのに売れなくなります。損するのがイヤだからです。そのため、ズルズル株価が下がっていき、塩漬け株になることが多いのです。途中でやめられなくなる、という人間心理には、こうした「損失回避」の志向があるからです。

自治体の公共事業などでは、ダムや道路の建設途上で、将来採算に合わないことが判明してもやめられません。利権まみれの上に、今まで費やした費用が無駄になる、という反対の声が覆うからです。ゆえに原発もやめられません。

有名な事例では、英仏共同開発の超音速旅客機コンコルドが、開発中に将来採算も合わず、環境にも悪影響とわかったものの、すでに莫大な開発費を投じていたため、もったいないと完成させ就航させましたが、その後、就航中止になりました。このため、途中でやめられなくなることを「コンコルド効果」ともいいます。

土壇場での「ちゃぶ台返し」にも使われる

人間心理は、あらゆるところで、サンクコストに呪縛されます。

※10年前から宝くじを買い続け、当たらないと無駄になるのでやめられない。
※多角化のための新事業が長年赤字続きでも、投資が巨額すぎて中止できない。
※彼女と5年も付き合い、別れると今までがもったいないので別れられない。
※アトラクションの行列に2時間も並んだことが惜しくて、まだ並び続ける。

「お金・時間・労力」がかかっている——というサンクコストに縛られます。経済合理性に適わないのに続けてしまうのです。これは、契約交渉の最後の土壇場で、もうひと押しの要求を通す場面でも使われることがあります。

お客「実は、昨日1600万円もの不渡り食らってね。悪いけど今回の契約は見合わせたいのよ。うちみたいな町工場じゃ、160万は大きいからね」

営業「えーっ！（汗）この3か月間、苦労して仕様の調整もやり、1千万円の機械のローンも全額おりることになったんですよ。今さらそんな……」

お客「仕方ないよ。160万も損害食らった零細工場にとって、1千万円の機械の導入は厳しいよね。別途で消費税80万円かかるわけで、オタクはビタ一文負けられないっていうしね。そのへんの配慮があれば考えますけどね」

営業「うーん、参りましたね（汗）。じゃあですね。今回特別に、かねてご要望だった消費税分80万円を値引きして、合計1千万円ポッキリにしたら、どうでしょう？　それなら160万円の損害額も半分になりますよ」

お客「あ？　そう？　何だ、早くいってよ、それなら契約してあげますよ」

これは土壇場の「ちゃぶ台返し」という値引きのワザです。不可抗力の損失を被った――などの損害を理由にご破算を匂わせますが、たいていハッタリです。契約したいのはお互い様ゆえに、断っても相手は契約するはずです。

欧米の交渉術に学ぶ「主導権の取り方」

ドライで弱肉強食の欧米の交渉術

欧米の交渉術には、次のような要諦があります。

1. 自分側に不利な情報は、一切相手に伝えない。
2. 一定の条件は、こちらから先に提示する。
3. はじめから、キーマン（決定権者）と交渉する。
4. ホームグラウンドで交渉し、できるだけアウェイの場では交渉しない。
5. 交渉に時間制限を設けない（期限があっても相手には教えない）。
6. お互いがトクをしたという形をとり、Ｗｉｎ－Ｗｉｎの関係を目指す。

いかにも弱肉強食の狩猟民族らしいメンタリティーが窺える要諦なのです。

1番目の「不利な情報を相手に伝えない」というのは、何だか誠実さに欠けるようで、最後の6番目の「Win-Winの関係を目指す」ということと矛盾しているのでは――といったツッコミも入りそうです。

要するに最終の契約時に、Win-Winの関係をつくればよいだけで、途中は駆け引きで、契約後に重大な不正や欠陥が判明した場合は、それなりの原状回復・弁済の特約などをつけて担保する――ということなのでしょう。

2番目の「一定条件を先に提示する」というのは、「〇〇の条件を希望する」と先に打ち出すことで、その条件を基点（アンカー=船の錨ともいう）にして、できるだけ範囲を狭めて交渉しようとすることです。

3番目のキーマンとの交渉は、決定権者でなければ意味がないからで、4番目のホームで交渉するのは、スポーツの試合と同じで何かと有利だからです。

5番目の時間制限を設けない――のは、相手から足元を見られないためです。

6番目は、片務契約でなく双務契約で納得しないと不満が残るからです。

「将来の相手がトクをする道」を説いて交渉する

こうしてみると、交渉が心理ゲームであることが窺えます。ここでは、弱気な人が、強気な人に呑まれないための交渉の心理テクニックを押さえておきましょう。

交渉は、立場の強いほうが、有利になります。

つまり、交渉は「お願いする側」と「お願いされる側」に分かれるからです。

強気な人は、「お願いされる側」なので、強気の条件を設定しようとします。

弱気な人は、その条件を緩和してもらおうと「お願いする側」になります。

強気な人の打ち出す「条件」を、弱気な人は巧みなレトリックを用いて、説得しなければ、「条件」を緩和させることはできません。そうでないと決裂するからです。

かつて、米国で展開されるコンビニ「セブン-イレブン」を、1970年代前半に日本に導入しようと、イトーヨーカ堂（当時）の経営幹部だった鈴木《すずき》敏文《としふみ》氏（のちにセブン&アイ・ホールディングス社長・会長を経て名誉顧問）が、米国サウスランド社と2年越しにアウェイで行った、粘りの交渉は有名です。

サウスランド社は、はじめ米日の「合弁」でなければ、日本でのセブン－イレブンの展開を認めないという主張でしたが、鈴木氏は、日本の小売り市場の実情がわかっていないサウスランド社が、日本での経営に口を差し挟むのでは、うまくいかないから「提携」にすべきと強硬に主張し、説得してしまいます。

この時、日本の流通覇者のダイエーが、すでにサウスランド社との提携を望まなくなっていたことが、鈴木氏の強硬な主張を押し通した背景にありました。

しかし、提携交渉も難航します。莫大な契約金の他に、サウスランド社は、売上の1％のロイヤリティーを要求したからです。

鈴木氏は、米国のシステムを日本に合わせるためのコストがかかることなどを説き、0・5％でなければ払えないと突っぱねます。つまり、ここでアンカーを下したのです。サウスランド社も当然のごとくNOと突っぱねました。

そこで鈴木氏は、単位を％から金額に置き換え、ロイヤリティーは低いほうが、負担が軽いので速く出店できるし、数多く出店したほうが、0・5％でも金額はスピーディに増えると説いたのです。交渉は、結果的に0・6％で妥結させています。将来、相手がより多くトクをするというレトリックで説いたのです。

「新しい条件」を提示すれば主導権を握れる

交渉は駆け引きですから、油断すると押し戻されます。セブン－イレブンの提携交渉のように、ヨーカ堂側の主張を、臨機応変に相手側のメリットにも置き換えて、諄々《じゅんじゅん》と説いていく粘り強さも必要なのです。

もうひとつ、「お願いする側」から「お願いされる側」に入れ替わるテクニックがあります。交渉の途中で別の新しい条件を切り出して気を引くのです。

お客「やはりパソコンは、ネットで買うほうが、断然安いですよね」

店員「お客様、パソコンをお探しでしょうか。当店で今日ご購入いただけるのでしたら、ポイントをさらに2％お付けできますよ」

お客「ふーん、これ5％のポイントが付いているから、さらに2％加算して、7％にしてくれるってことですか？」

店員「はい、本日だけ、特別にサービスいたしますよ」

お客「うーん、それでもネットのほうが、安そうだし……」
店員「お客様、ネットと比べても、7%還元なら、遜色ないと思いますよ」
お客「そうかなー、ねえ、あと3%プラスして、10%付けてよ。1割安いなら、今日買うわよ。ね、お願いしますよ。いいでしょ?」
店員「お客様、10%ものお値引きは、当店では無理ですね。どうぞネットでお買い求めください」
お客「ねえ、お願いします……、今日買って帰りたいのよ」
店員「そうですか、じゃあ、超特別に、あと1%だけお付けして、8%にしてあげましょうか。ただし、この機種に限りますけどもね」
お客「わかった。8%でいいです。ありがとう。この機種でいいからね」

このように新しい条件で気を引くと、「お願いされる側」だったお客さんのほうが、「お願いする側」になってしまうことがよくあるのです。気を引くためには、好条件は小出しにすることです。ジリジリ焦らすと相手から動くからです。

自分の要求を通すための4つの心理テクニック！

受け入れやすい要求でお願いする

人にモノを頼む時には、受け入れやすい要求にすることが大事です。

上司「山田さん、今日30分ぐらい、残業お願いできるかな……？」
部下「はい、大丈夫ですが、何でしょうか？」
上司「きみ、英語得意だったよね、たしかTOEICが……」
部下「はい、860点です！」
上司「この英文を、パソコンの翻訳ツールにかけたんだけど、訳のわからない日本語になっちゃって。ふつうの日本語に直してくれないかな？」

部下「はい、お安い御用ですよ。あっ、コレですか？（汗）」
上司「そうなんだけど、何か？」
部下「何でもないです。やります……（コレが30分で終わるかよ！）」

30分ぐらい――と簡単な仕事と思わせて、2時間ぐらいかかる仕事のケースです。YESと応じてしまった以上、今日中にやるしかなくなります。

上司が部下を騙す意図なら、悪質ですが、英語力を高く評価されてのことだとあきらめる他ないのです。**人は「簡単な依頼」と思うからこそ受け入れます。最初に受け取りやすいボールを投げるので、「ローボール・テクニック」と呼ばれる心理テクニックです。**世の中には、こういうケースがあふれています。

不動産屋に部屋を探しに行くと、「今日、登録の格安・好条件のアパートですよ。すぐ決まる物件だね、コレ」などといわれ、急いで見学して契約したら、雨の日にはアパート前の道路が水浸しになる物件――なんてこともあります。

生ビール一杯・オール150円という割引チケットを受け取って、その居酒屋に行ったら、妙にグラスが小さく、料理も高かった――というのもあります。

小さなお願いに「YES」といわせたら、大きな要求も通る！

前述の「簡単な依頼」と思わせて、YESといわせるのは、もちろん何度も使える手ではありません。一度引っかかったら警戒されるからです。

そんな時には、相手のプライドを満たした上で、ちょっぴり能力を訝《いぶか》るような言葉をつけ足すと、これまた簡単に要求が通るようにもなります。

上司「山田さん、あなたは英語力抜群だったよね。たしかTOEICが……」
部下「はい、860点です！」
上司「おお、すごい、さすがわが社のホープ」
部下「いえ、そんなことはないですけど……」
上司「でも、さすがのあなたでも、この英文を明日までに訳すのは無理だよね？」
部下「どれです？　ああ、これですか。明日まででいいんですね？」
上司「おお、やってくれるの、すごいね、あなたは！　頼りになるなあ」

ほめられながらも、ちょっぴり見くびられると、プライドの高い人ほどムキになってＹＥＳといってくれます。酒豪で生意気な人がいたら、「テキーラの一気飲みができる？」などと聞いて、こんな要領で潰してやるのもよいでしょう。

ところで、**人は、最初にＹＥＳというと、ずっとＹＥＳといい続けたくなるという「一貫性の原理」と呼ばれる習性があります。これを使い、「ローボールテクニック」を徐々に発展させていく「段階的依頼法」というのもあります。**

同僚Ａ「鈴木さん、ちょっとだけ、この案内状を折る作業を手伝ってくれる？」

同僚Ｂ「ああ、いいですよ（ＹＥＳ）。３つ折りね。３００枚ぐらいね、コレ」

同僚Ａ「あと、ついでに折った案内状を、封筒に入れてもらえる？」

同僚Ｂ「え？　うん、いいよ（ＹＥＳ）、それぐらい、お安い御用」

同僚Ａ「それと、悪いけど封筒の糊付けと宛名シール貼りもいいかな？」

同僚Ｂ「えっ？　それも……まあ、いいけど（ＹＥＳ）、結局全部か……」

最初にYESといわせれば、次々と少し大きな要求にも応じてくれるのです。

他にも、何とかして、この要求を相手に通したいといった時には、**「譲歩的依頼法」というのを使うとうまくいきます。**

これは、最初にわざとダミーの大きな依頼をして、相手に断らせることからスタートするという依頼法です。日常でも、意外と自然に使われています。

子供「ねえパパー、このゲームソフトほしいな」
父親「ダメだよ。先月ゲームを買ったばかりだろ。わがままいうなよ」
子供「えーっ、これいいんだけどなー、ダメか……（ガックリしょげる）。ねえ、じゃあ、今日発売の『コロコロコミック』買ってよ」
父親「ん？　漫画本か、まあ、それならいいだろう」

※　　　※

営業「新製品なので、店頭の棚、すべての段に並べてもいいですか？」
店主「ダメだよ。オタクの商品だけじゃないんだから、ダメダメ！」
営業「ええーっ、ダメですか……？、困ったな……（ガックリしょげる）あ、あのっ、

　じゃ、上の3段だけ、使うのならいいですか？」

店主「え？　上の3段だけ？　うーん、まあ、それなら、いいでしょう」

　子供が最初から、「漫画を買って」とねだると、断られる確率が高かったでしょう。また、営業マンが最初から、「店頭の棚の上3段に並べたい」とお願いしても、こちらも断られる確率が高かったはずです。

　本命の要求をストレートに告げると、断られる確率が高い時には、それよりも、わざと大きくしたダミーの要求をして、最初に断らせるとよいのです。

　断られてこちらがガッカリすると、相手もちょっぴり罪悪感が湧くからです。

　そこですかさず、要求水準を下げてお願いすると、意外にも要求が通ります。

　こちらが、要求水準を下げると、相手にはこちらが譲歩したように見えます。そのため、つい相手も譲歩して、こちらに妥協する気になるからです。

　これは、人から何かの施しを受けると、相手にもお返しをしないと悪いなと思う「返報性の原理」がはたらくために、こういう現象が起こるのです。

「口下手で弱気に見える内向型の人」が強くなる習慣術！

出世には「外向型」も「内向型」も関係ない！

職場で、「口下手で弱気に見える内向型の人」と「口が達者で強気に見える外向型の人」を比べた場合、どちらが出世すると思われるでしょうか。

多くの人は、断然「外向型の人のほうが出世する」とお考えでしょうが、これは大きな間違いです。

すでにお伝えしましたが、上司は「自分の好きな部下」を引き立てます。

そして、リストラの対象候補に入れるのは、つねに嫌いな部下です。

職場で、出世するのに、「外向型」も「内向型」も関係ないのです。

また、過去の貢献度や、現在の実績なども、ほとんど関係ないと思ったほうがよいのです。要は、上司から好かれる部下になっておくことが肝なのです。

人が人を嫌いになるのは、自分に「脅威」を与える存在で、自分が共感できない人物と説明しましたが、その「感情」は次のように分析されるものです。

※**「軽蔑」**……容姿や身だしなみ、態度、マナーがよくない人物は不快。
※**「嫉妬」**……自分以下と思っていた人物が、自分以上の高評価を得ると不快。
※**「裏切り」**…約束を破ったり、自分の期待に応えてくれない人物は不快。
※**「否定」**……自分を否定的に扱ったり、攻撃してくる人物は不快。
※**「軽視」**……自分を軽んじている態度が見て取れる人物は不快。
※**「投影」**……自分が「よくないこと」と思うことを平気で行う人物は不快。
※**「差別」**……自分と異なる宗教・人種・グループなどに属する人物は不快。

こうした感情は複合的ですから、上司にこんな感情をもたれないよう注意して、「単純接触」を繰り返し、上司と共感できるものをもつことが大事なのです。

真面目で誠実すぎると「上司の期待」を受け止められない！

「口下手で弱気に見える人」は、観察眼が鋭く、慎重派ですから、「口が達者で強気に見える外向型の人」と比べて、上司に嫌われる要素は、むしろ少ないともいえるでしょう。「外向型の人」と違って生意気な人は見かけないからです。

「内向型の人」が注意すべきは、感情要因に当てはめると、上司がせっかく期待をかけてくれた時、それにうまく応えられないことが懸念されるだけです。

上司から「きみならできると思うから、これをやってみない？」と提起された時、素直に自信をもって応えられることが少ない——といった点が心配されます。控えめで、慎重すぎる側面が、そうさせてしまうのです。

「口が達者で強気に見える外向型の人」は、こんな時には、自信満々に、「ありがとうございます。ぜひやらせてください」などと答えることができます。

ここで、「内向型の人」と「外向型の人」の差がついてしまうのです。

「内向型の人」は誠実で真面目な人が多いため、煮え切らない返事だからです。

真面目で誠実すぎるせいで…

「内向型の人」は「自己効力感」を高めておくことが大切！

「内向型の人」は、上司の「期待」に対しても、真面目な顔でいうでしょう。「私にできるかどうか、自信がありませんが……」などと正直に答えてしまいがちなのです。これでは、上司も、「この子は、やる気があるのか？」などと訝《いぶか》ることにもなるわけです。やはりこんな時には、「外向型の人」を見習って、「チャンスをいただき、ありがとうございます。ぜひやらせてください」と応じておかなければ、上司の評価にも響くのです。

そこで、ここでは、「口下手で弱気に見える内向型の人」にも、「よし、自分にもできる。やろう！」という自負心を持っていただける、「自己効力感」の培い方を伝授しておきましょう。

「自己効力感」とは、何かの課題を前にした時、「これは自分にもできる」と思えることで、米国の心理学者アルバート・バンデューラが提唱した概念です。モチベーションのカギともいえる感情なのです。ほんのわずかでも、心の中に、「自分にはできそうにもないかも……」などという懸念を持ちながら、物事に取り組んだ場合は、どんなに頑張って練習しても、できないケースがほとんどでしょう。これを「努力逆転の法則」といいますが、潜在意識のパワーが強烈すぎて、本来の能力をも奪ってしまうからです。

「自己効力感」とは、そんな自分への疑心を、1ミリたりとも持たないようにするための極めて重要な感情になるのです。バンデューラは、この「自己効力感」を高めるため、次のような習慣を自身に取り入れることを推奨しています。

※達成体験……自分が努力して達成した過去の出来事を追想体験する。

※代理体験……他人が行う過程をよく観察し、自分にもできると認識する。

※言語的説得……達成過程のシミュレーションを行い、論理的に分析し納得する。

※生理的情緒的高揚……熱血ドラマを観たり、伝記などを読むことで感化される。

※イメージトレーニング……うまくいく過程を脳内イメージで繰り返しておく。

こうした習慣で、「上司の期待にも応え得るメンタル」を養っておくことです。

第4章

「イヤな人・苦手な人」に効く！逆転心理術！

プライドが高く偉そうな人へのクレバーな「扱い方」

仲間の「頼み」も受け付けない傲岸不遜な人

プライドの高さが鼻につく人物と、職場で接する時は、何かと気を遣います。

A「山本さん、すみません。今回、私が新製品展示会の担当になりました。そこで、前回の山本さんが担当された時の、資料を見せていただきたいと思いまして、お願いに上がりました」

B「前回の資料？　そんなもん、見たってしょうがないでしょ。自分で考えてやりなさいよ。私だって参考資料なしで、全部一人で考えてやったんだから」

A「いや、それが、担当に決まったのが急なので、私には荷が重くて……」

B「荷が重いんだったら、最初から引き受けないで、断れば？」

A「あの、正直困ってるので、協力してくださいませんか？　お願いします」

B「イヤ。何で部署も違うきみに、私が協力しなきゃならないの」

A「あのう、ダメでしょうか？」

B「ダメだね。自分で考えてやらなきゃスキルも上がらない。自分のためだよ」

A「……わかりました……（汗）」

たまに、こういう偏屈な人はいるものでしょう。

同じ会社の仲間に頭を下げられても、「頼み」を平気で断るのです。

日頃からプライドが高い人に限って、こういう意地の悪い対応をするのです。

ふだん、自分が誰かに協力を求めることも一切ないという孤高の人なので、断ることにも躊躇がないのです。

内心で、周囲の人を「バカばかり」などと見下しているので、上司からの指示・命令でもなければ、同僚からの頼みなどは断って当然と思っています。

なぜ、こんなに偏屈で意固地な対応になるのでしょうか。

「ウィンザー効果」で気持ちよくさせよう！

それは、本人が気位高く、能力も他人よりはるかに秀でているという自負があるのに、周囲の誰一人それを認めてくれない不遇を背負っているからです。

しかし、本当に能力も秀でており、周囲も一目置く人ならこうはなりません。なまじ、本人の自負心だけが強く、独り歩きする人だと、こうなるわけです。

「みんな、私の能力を認めろーっ」と、心中で叫んでいる人なのです。

しかし、そうしたプライドの高さが、日頃から言葉の端々に現れる人ゆえに、周囲の誰もが寄り付かなくなっています。孤独な境涯を自らつくっています。

こんな人から協力を得るには、本人の「高い能力」を認めてあげることです。この人物の能力を、実績・根拠のある・なしに関わらず、とにかく認めてあげればよいだけです。すると、状況が一変するはずです。

A「あのう、山本さんが、以前担当された新製品展示会の評判をお聞きしたんですが、今までにない斬新なレイアウトで大好評だったんですね。私は地方勤務で知らなかったのですが、本社にいる人はみんな絶賛してますね」

B「ん？　前回の展示会の話？　え……、そうなの？　みんな絶賛してるの？」

A「はい、佐藤課長も素晴らしかったと、お隣の部の近藤部長も、画期的な展示会だったと、他にもいろいろ高い評価をお聞きしました」

B「あーっ、そう？　あはは、その時にいってほしかったけどね。ははは。そうかそうか。で、それが、どうしたの？」

A「はい、今回、どういうわけか、私が展示会の担当になりまして。山本さんから教えを受けるようにクギを刺されました。教えていただけますか？」

B「別に構わないよ。じゃ、まず当時の資料をメールで送ってあげるよ」

人が嬉しくなるのは、ほめられた時ですが、直接本人が目前でほめるよりも、他人が評価しているという事実を伝えたほうが喜びは倍加します。

「ウィンザー効果」と呼ばれる現象です。本人がほめたのでは、お世辞にも聞こえかねませんが、他人の評価だと信憑性を感じさせられるからなのです。

ライバル視してくる相手への巧みな「足の引っ張り方」

低レベルな同僚から、ライバル視されている時はどうしたらよい？

こちらが、何も意識していないのに、なぜかライバル視してくる同僚がいると面倒なものです。

A「あなた、今月の契約どこまでいってる？」

B「まだ目標の3割ぐらいかな。今月はプレゼンの予定もなくて厳しいです」

A「へーっ、プレゼンないの、じゃあ、私のほうがイケてるかもね」

B「うん、かるくイケてるんじゃないの。今月の私は、あきらめてるし……」

A「あきらめないでよ。あなたが手を抜いたせいで、私が勝っても意味ないし」

こんなライバル心をもたれたままだと、いつ、どこで足を引っ張られるやも知れません。こういう相手は、ライバル視しているこちらが、沈むのをいつも狙っています。こちらのメンタル面を攻撃するチャンスを窺っているのです。

いつも成績が芳《かんば》しくないのに、成績のよいこちらを対等のように思っているのは自意識過剰です。ハッキリいって生意気な人なのです。

こちらが控えめな態度でいると、こういう人は「いい気」になって、上から目線の横柄な口を利き、目障りな態度をとってきます。

大人しく黙っていると増長するタイプですから、こちらから、さり気ない「仕掛け」をつくり、相手のメンタル面を先に潰し、墓穴を掘らせましょう。

相手が、何かで張り切っている時、気合が入っている時が狙い目です。

たとえば、これから大事なプレゼンに行く、アフターファイブにデートがある――といった時に、たったひとこと、事前に仕掛けるだけで効果がある方法です。

たった「ひとこと」で相手のメンタルをグダグダにするワザ！

これからプレゼンに行くと張り切っている相手にはアドバイスを贈ります。

「これからQ社でのプレゼン、頑張ってね。噂で聞いた話だけど、Q社は、簡潔明瞭なプレゼンが好まれるそうよ。あなたの口癖の、『えー』とか『あのー』といった間合いのセリフは、いわないほうが絶対受けるわよ。あと、笑顔が少ないから、もっとつくり笑顔でニコニコしていたほうがいいよ」

直前にこういうアドバイスを入れると「プライミング効果」が生じます。

プライミングとは、「呼び水」とか、「起爆材」の意味です。先行して入った情報が後の行動に影響を及ぼします。

口癖を封じようとしたり、つくり笑顔をつくろうと意識するほど、ふつうの喋りができずに、プレゼンはグダグダになるのです。

オレ今日でノルマ達成するけどお前は？
えっまだ？
やばくない？
…
A社の部長さんて笑顔は歯を見せないと認めないらしいよ
へ、へえ
歯を
えーと…
歯を見せないと…
歯に気をとられて…

ルールを守らない得意先のスムーズな「押さえ方」

「従属心理」があれば、「支配欲求」は必ず膨張する

納期には、ことさら厳しいのに、注文はいつもギリギリ——といった得意先があると、手を焼かされます。

○月×日に納品するためには、○月△日の午前中いっぱいに注文を頂けないと、間に合いませんよ——と伝えてあるのに、「○月△日の午後の3時までには、必ず注文入れるから何とかしてよ」などと平気でいう得意先です。

突っぱねたいところですが、突っぱねると、他の大量受注にも影響するため、毎回無理を聞く羽目になっている——といったケースです。

相手が大手の得意先だと、いうことを聞くしかないでしょう。

そのたびに、こちらは振り回されて、てんてこ舞いになります。

自社の工場の職人に頭を下げ、何とかこなしてもらわないといけません。職人からも、毎回うんざりされ、「こっちの立場にもなってみろよ」などと罵倒されます。「お前みたいな営業のおかげで、どれだけ迷惑してると思ってるんだ」と怒鳴られても、「申し訳ありません」と平身低頭するばかりです。

そのうえ、「今回、消費税ぶん、負けてよ」などと、得意先からの値引き要求もしょっちゅうです。受け入れてしまおうものなら、上司からは「バカ野郎！ また引き下がってきたのか！」などと、怒られます。

どうやって断ればよいのか――妙案をひねり出してくれるどころか、部下の営業を罵倒するだけの上司にも、ほとほと愛想が尽きるでしょう。

相手の要求を受け入れるばかりだと、相手は増長するのです。

支配欲求は、そこに従属心理があれば、必ず膨張していくものだからです。

他にも「選択肢」があり、「選ぶことができる立場」を示していく！

男女の関係でも同じことです。どちらかが、「お願いだから、付き合って」などと懇願して、付き合いはじめた場合、よく起こるのが「最小関心の原理」という心理効果です。片方が、相手に「惚れた弱み」で迎合する態度を続けていると、対等のカップルの関係にはならないからです。いっぽうは、「付き合ってやっている」という傲慢な心理で、他方が「お願いして付き合ってもらっている」という従属心理の間柄だと「支配」と「従属」の関係が成り立ちます。

心理学では、最大の関心を相手に対してもつと、相手からは最小の関心でしか遇されなくなるので、「最小関心の原理」と呼んでいます。

人と人との関係は、「支配」や「従属」の関係では、長続きしなくなるのです。対等な関係、すなわち「アサーティブ」でなければいけないわけです。

アサーティブな関係を築くためには、「従属」から脱することが重要です。

「従属」側は、他にも選択肢があることを、「支配」側に伝えることです。

男女の関係なら、他の異性からもアプローチを受けているという「モテ」を演出することです。異性の友達からの飲み会に参加するとかの名目を立てて、相手の要求を受け入れられない――といったシチュエーションをつくります。

得意先が大手企業の場合は、他からの受注で、要求通りの条件では受け入れられない――と先約優先の事情を伝えることです。こうすることで、徐々に相手側との対等な関係へと近づけられます。突っぱねて断わるのではなく、他からの先約受注優先を主張することです。すると徐々に無理をいわなくなります。

そして、受注の締め切りを守ってくれるようになった得意先には、「いつも注文の締め切りを守ってくださり、ありがとうございます」と伝えます。

また、「値切り交渉をやめてくださり、感謝しています」などとも伝えます。

こんな言葉をいい続けると、徐々に相手の潜在意識にも刷り込まれます。

「ピグマリオン効果」もしくは「教師期待効果」ともいいますが、同じ言葉で評価されると、無意識のうちに評価された態度を取るようにもなるわけです。

人は、ほめられると、ほめられた行動に無意識に近づく習性があるからです。

短気な同僚の効果的な「コントロールの仕方」

たちまち怒り出す幼稚な人の存在！


怒りっぽい人は、どこにでもいるものです。

怒りは、不安心理が抑えきれずに、表面化する現象です。

つまり、目の前の状況が、自分の想定する状況と異なっていると、たちまち不安が広がり、その状況がたまらずに怒り出すわけです。

つまり、キャパシティの小さい幼稚な人なのです。

たとえば、会話中に、こちらの言葉を遮って怒り出す人がいます。

A「というわけで、あなたの仕事の手順を今までとは少し変えてもらって……」

B「何ですって！（怒） 冗談じゃない。バカいわないでっ！（怒り爆発）」
A「だ……、だってこれ……、先日のミーティングで申し合わせの……（汗）」
B「違います！ 勝手に申し合わせとか言わないで！ 知らない！（怒）」
A「知らないって、いわれても……、そ、それじゃ、困ります……（困惑）」
B「勝手に困れば！ 冗談いわないで！ 手順は変えられないんだから！（怒）」

こんな具合に、瞬間湯沸かし器になり、話は進まなくなるわけです。

とにかく、話を全部聞かないままに、途中で冷静さが保てなくなる人なので、毎回会話をはじめるたびにウンザリさせられます。

バカバカしいほど、非理性的な人物なので、会話もしたくなくなります。

こんな人は、いつも見境なく怒り出すので、いつまで経っても全体像が把握できません。全体像を理解すれば、「ああ、なるほど、そういうことなのね」と納得できるはずのことでも、断片情報だけで怒り出すので、全体像を理解させるのには手間と時間がかかるのです。難儀な人でしょう。

こういう人に、一度で話を最後まで聞かせる方法を考えておきましょう。

「怒った表情」に反応し、本人を牽制！

実は、こんな人でも、話の全体像を理解すれば、すべての状況が呑み込め、途中で見境なく怒り出したことに、バツの悪さも浮かぶはずです。

しかし、怒り出してカッコ悪かった――という思いを強めるどころか、「相手の話し方が悪かったから、こっちも怒り出して当然だった」と思うのです。

今度からは冷静に人の話を聞こう――という反省には至りません。

反省しないので、同じことの繰り返しで、いつもすぐに怒り出すわけです。

すぐに怒り出す人には、前置きをしてから、話し出さなければいけません。ただし、いい方を誤ると、またぞろ初《しょ》っ端《ぱな》から怒り出します。

A「あのう、仕事の手順についての話ですが……。途中で怒らずに、最後まで冷静に落ち着いて、話を全部聞いていただけますか？」

B「何（怒）そのいい方はっ！　失礼でしょ！　子供じゃないんだから（怒）」

このように最初から、怒りを爆発させられたのでは、こちらも疲れます。上から目線のいい方なのでこうなります。まずは下手に出てあげることです。

恐る恐るの態度で、お伺いを立てます。

A「あのう、お話を聞いていただきたいのですが、怒られそうで怖いです」
B「え？　私が怒る話なの？」
A「いいえ、そうじゃないですが、話の途中までだときっとそうなるかな……と」
B「最後まで黙って聞けってこと？」
A「はい、そうしていただけると安心してお話できるので、お願いいたします」

こんな前フリなら、一応受け入れてくれるはずです。自制心も期待できるでしょう。

それでも怒り出しそうになったら、すぐその態度に反応することです。

「あ、ほら、怒ってる。怖い……」と怯えて見せ、牽制すればよいのです。

こうすると、相手の自制心を最後まで保たせることができるようになります。

パワハラ・セクハラ上司へのスマートな「切り返し」

いつでもどこでもボイスレコーダーが強い味方に！

パワハラやセクハラは、いじめと同様に根の深い問題です。

被害にあっている人にとっては極めて深刻ですが、加害者のほうには「そんなつもりはなかった」だの「冗談のつもりだった」といった常套句の弁解がまかり通っているからです。

そのため、なかなかなくなりません。

加害者なのに、被害者面をする場合だってあるでしょう。

「オレをはめようとした！」などと、逆に騒ぎ立てるケースも散見されます。

会社の上層部に相談しても、あいまいに握り潰されたりで、被害者が割を食うことも少なくありません。

したがって、いつ自分に被害が及ぶかもしれないということを想定しておくべきでしょう。しっかり抵抗する手段を身につけておかなくてはならないからです。

一番、効果的な方法は、まず証拠を残すことです。

これがないと、警察に訴えても、訴訟に臨んでも勝ち目がなくなるからです。

高性能で長時間録音可能なボイスレコーダーが、2～3千円で手に入るご時世ですから、これをいつも持っておくことが重要でしょう。

そして、こうした事態が予想されたら、ただちにボイスレコーダーのスイッチをONにしておきます。

あらかじめ、スイッチをONにしておかないと、肝心かなめの時に、うっかり録り逃がしてしまうからです。

いつでもどこでも、ボイスレコーダーは、パワハラ・セクハラ被害者の味方になってくれる強力な護身用具と心得ておきましょう。

パワハラには「アサーティブ対応」、セクハラには「断罪対応」！

パワハラ、セクハラを実際に抑止する時の対応についても見ておきましょう。

上司「お前、へまばっかやりやがって、オレの顔に泥を塗る気か！」
部下「P社の受注をさらわれたのは、A社の安値攻勢が原因です」
上司「うるさい！　お前が間抜けで、バカだからA社に抜かれたんだろ！」
部下「部長、職場で、間抜けとかバカというのは、いかがなものでしょうか？」
上司「何だ、文句あるのか、えらそうに。へまをやったのはお前だろ！」
部下「いい方というものが……（沈黙し見つめる）……」
上司「ったく……、もういい、……気をつけろよ………（トーンダウン）」

部下が、勇気をふるって、適度なディスペーシングによる、アサーティブな対応をすれば、上司も部下の冷静な態度にペーシングせざるを得なくなります。

威圧されて恐縮するのは、上司の怒りにペーシングする態度のため、パワハラを強化させるだけです。あとは、沈黙して見つめます。沈黙は、思考を読ませなくする強力な武器になります。では、セクハラの場合はどうでしょうか。

上司「おっ、今日もスカート短いね」
部下「部長、それはセクハラですよ。下品な発言はやめてください！」

ビシッと発言を遮断することです。照れ笑いしたり、聞こえないフリは、一番いけません。かえって相手を増長させるからです。衆人環視の下で、厳しく指摘して断罪すべきです。なお、個室居酒屋などの密室で2人だけの時に、体を触ろうとしてくるセクハラがあったら、直ちに相手の手をきつく叩き、目を覚まさせましょう。すぐに席を立って帰るなど、怒りを行動で示します。

「全部、録音してますよ！」と脅すのも効果的ですが、ボイスレコーダーを奪われないことです。なお、職場の何人かが連名で、「パワハラをやめないなら、上層部に訴える」旨を文書で申し入れるのも効果があります（全員一致効果）。

小さなミスにも長い説教をする上司の「黙らせ方」

話の長い上司には理由がある！

職場の同僚や先輩との会話なら、適当なところで打ち切ることができます。
しかし、上司との会話は、もはや会話ではなくなり、一方通行の話になることも少なくないでしょう。上司の自慢や、説教、忠告、昔語り……といろいろでしょうが、部下のほうから話を打ち切ろうとすると、上司には悪印象を残します。今までいろいろチャレンジした部下の方は多いでしょうが、たいてい無残な結果に終わったといったところが現実でしょう。

部下「課長、そのお話は先日も伺いましたから、十分心得ております」

上司「大事なことだから、繰り返しているんだよ。何だ、そのいい草は！（怒）」

※　※

部下「あのう、途中ですみません、3時までにW社に行かなくてはなりません」

上司「何の用だ？　何時に戻るんだ？」

部下「あの、見積もり書を届けに行き、帰りは6時半ぐらいかと……」

上司「よし、じゃあ、この話の続きは帰ってからだ。早く戻れよ！」

※　※

部下「部長、お話の途中恐縮ですが、今G社から至急のメールが入りました」

上司「放っておけ。G社は昔からわがまま会社だ。放置プレイも芸のうちだぞ」

このように、上司の話を部下のほうから、打ち切ることは難しいのです。

しかし、上司の話が、なぜ長くなるのかを研究・考察したことはあるでしょうか。

この原因を探っておかないと、話を短くさせることはできません。

実は、上司は、部下から認められていないことが不満で、不安なのです。

認められていないという思いが、シツコイ話になる理由だったのです。

「承認欲求」を満たす言葉を捧げよう！

つまり、「承認欲求」が満たされていないということになります。

「承認欲求」とは、誰もがもっている、認められたい・ほめられたいという原初的な欲求です。上司には上司ならではの「承認欲求」があるのです。

それを満たしてあげないと、上司の話は、ついつい長くなるのです。

嫌われるだけと自覚していても、長い話がやめられなくなるのです。

上司の長い話を短くするには、上司の承認欲求を満たす言葉を献上しなければならないわけです。次のようにです。

※　　　　※

部下「課長のその言葉いいですね。私も好きになり、日々の戒《いまし》めにしています」

上司「あ、そうなの？　いいよね、たしかに。きみもわかるようになったな」

部下「部長のお話はいつも勉強になります。もっとずっと聞いていたいです」

上司「ん、そうか。ま、そういうわけにもいかないから、またの機会にしよう」

部下「課長、いつもご心配くださり、感謝しています。ありがとうございます」

上司「まあ、きみの参考になれば幸いだからな。きみは見どころがあるね」

※　　※

上司の使った言葉を好きと表明する、上司の話が勉強になると感想を述べる、上司のアドバイス（説教）に感謝を捧げる——このようにワザとらしいセリフでも、真面目な顔で伝えると、上司は「いい気分」になり、その余韻に浸りたくなります。そろそろ話を手仕舞う頃合い——とも感じてくれるわけです。

口うるさい母親を相手にする場合でも同じです。感謝をひとこと捧げます。

母親「あんた、嫁入り前の娘が毎晩遅くまで飲んで帰るっておかしいわよ？」

娘「ごめん、仕事の付き合いで。心配してくれてたんだ。母さんの子でよかった」

母親「ま、いろいろ大変だと思うけど……、もう寝なさいね（トーンダウン）」

イヤミな攻撃を仕掛けてくる同僚の「撃退法」

相手を不快な気分にしたくてたまらない人とは？

イヤミや皮肉を他人に聞かせたがる人は、どこにでもいるものでしょう。

上司「ふーん、あなた、英会話ができるの？　仕事は半人前なのに皮肉ね」

※　　※

同僚A「新築マンション買った？　人口減少で地価が下がるってのにスゴイね」

※　　※

後輩「先輩は物知りですね。さすが東大受験しただけのことはありますよ」

※　　※

お局「あら、〇〇ブランドのバッグじゃないの。いいわね、独身者は」

こういうカチンとくるようなことを、平気でいう人がいるのはどうしてでしょうか。いえば相手が不快な気分になることは承知なはずです。

一般的に、他人を攻撃するのは、劣等感や嫉妬の感情があるからです。それだけ、相手に脅威を感じているということの裏返しでもあります。

自分より劣っていると見下しておかないと心が落ち着かず、イライラするため、相手にクギを刺しておきたいといったところでしょう。

不安心理に裏打ちされた、哀しい人物なのは間違いないのです。

イヤミをいわれて怒った表情を見せたり、反撃するのは相手の思う壺です。相手は、こちらの動揺する様子を見たくて、イヤミをいっているからです。

どのみち、「冗談だよ(笑)」「それぐらいで怒らないでよ(笑)」などとスルーされるか、さらに相手が調子に乗って、嘲笑してくるだけです。

まともに受け止めずに、切り返す！

イヤミや皮肉を耳にすると、ストレスがたまりますが、まったく気にもとめない態度でやりすごすといった大人対応の人も少なくないことでしょう。

しかし、それだと、反応していないと思った相手が何度もシツコク繰り返してくる場合もあります。

そんな時には、冷静な態度で相手の「幼稚さ」にクギを刺す手法も有効です。一度牽制されると、次からは、ひるむようにもなるからです。

上司「ふーん、あなた、英会話ができるの？　仕事は半人前なのに皮肉ね」

部下「仕事が半人前なのに、英会話ができるって確かに皮肉ですよね。恐縮です（笑）」

これは、オウム返しです。上司なので逆らわず、相手のいう通りなぞります。

※　　※

同僚A「新築マンション買った？　人口減少で地価が下がるってのにスゴイね」
同僚B「スゴイでしょう。実は秘密のカラクリがありまして、内緒ですが（笑）」

これは、指摘が的外れと思わせかねない「謎」を口にして煙に巻きます。

※　※

後輩「先輩は物知りですね。さすが東大受験しただけのことはありますよ」
先輩「だから何？　何がいいたいの？」

これは、軽い反撃です。後輩に二度と不快なことをいわせないようにします。

※　※

お局「あら、○○ブランドのバッグじゃないの。いいわね、独身者は」
ＯＬ「はあ？　何です？　それ、どーゆー意味ですかあ？」

大袈裟に拍子抜けしたような疑問を呈されると、意表を突かれてたじろぎます。
このように、正面で受けとめずに、切り返す対応が今後につながります。

下品で教養のない相手への上品な「是正の仕方」

自分で気がつかないと、中高年になっても疎まれる！

下品な人・教養のない人とは、どんな人をいうのでしょうか。

※粗野な言葉を使う――「まじすか？」「うぜえよ」「ダサい」
※敬語が使えない――「部長はゴルフやるんすか？」
※常識をわきまえない――ルールを誤魔化す、借りたものを返さないなど。
※乱暴な行動や態度――マナーや行儀作法に従わず、悪口や大声で話すなど。
※下ネタをいう――今時、下品の極みなのをわかっていない。

つまり、品格を欠いた言動すべてが、下品で教養がないということになるのです。日常生活ならともかく、職場などで特に気になるといえば、せいぜい言葉遣いになるでしょう。

とりわけ、若い人の中でもヤンチャとワイルドを気取りたいといった人は、言葉を飾らない傾向があるので、年長者の顰蹙《ひんしゅく》も買いやすいのです。

学生時代の言葉遣いや、バイト語が抜けず、弾けたい年頃なのでどうしてもそういう傾向が出てくるのです。

もちろん、中高年になっても、下品で無教養なままの人もいますが、さすがに会社組織の中では、概ね少数派でしょう。

下品な人、教養のない人は嫌われます。

目障り、耳障りなので、同じ空気を吸いたくなくなるからです。

そのため、たいていの人は上品でありたい、教養を身につけたいと思います。自分で注意して気をつけ、身につけていくものですが、それが不十分な人がいるので、時々戸惑うこともあるものです。

絶句してあげるのが一番効果がある！

下品なセリフにはどう対応すべきでしょうか。次の会話が模範例になります。

同僚A「きのうの日曜日、新宿でたまたま部長夫婦と出会っちゃってさ、びっくりした〜。恐妻家の部長の奥さんて、どんな人だと思う？」
同僚B「へー、どんな人？」
同僚A「それがさ、めっちゃブスのババアで、笑っちゃったんだ（笑）」
同僚B「えっ！　……ブス？……ババア？……（絶句する）」

これが正解です。驚き、小さな声で不適切ワードをオウム返しし、絶句するだけ。オウム返しによって、自分の言葉がいかに下品か——を反芻《はんすう》させるためです。いちいち、「あなた、部長の奥さんのことを、ブスだのババアだのって、それはマズイでしょ」などとたしなめるより、このほうが効果的だからなのです。

下品な人への対処法

驚き
ねぇねぇ課長と新人の子のうわさ聞いた？
ニヤニヤ
え!?
あきれて
あの2人できてるらしいよ
はぁ…？
小さくオウム返しして絶句…！
倉庫に2人きりでずっとー
ニヤニヤ
倉庫に2人きりでずっと…？
ちょっとっ恥ずかしいから
しー
ニヤリ

悪質クレーマーをエレガントに「拒絶するワザ」

悪質クレーマーはとにかくシツコク粘り強い！

クレームとは、意見や権利の主張、不満といった意味ですが、日本では一般的に「商品やサービスに対するお客様からの苦情」と訳されています。

クレームをいうお客さんがクレーマーなのですが、クレーマーには、すでに常習的な響きがあるため、これ自体がそもそもネガティブワードになっています。

そのため、うかつにもお客さんの目の前で店員が、「店長、クレーマーが来ていますので、対応をお願いしまーす！」などと、バックヤードに向かって叫ぶとお客さんを激怒させます。

ここでいう「悪質クレーマー」とは、社会通念上の概念を超えた要求や主張をするお客さんのことを指しています。この時点でもはやお客ではありません。

つまり、常識的な「謝罪」「弁償」「交換」といったサービス提供側の対応では納得せずに、暗に「不当な金品」を要求する人々のことをいうわけです。

当然ですが、「脅迫」や「恐喝」と紙一重の要求になりますから、悪質クレーマーは、自分から「いくら寄こせ」とか「要求通りに応じなかったら、どうなると思ってるんだ」などといった要求はしてきません。

「どうしてくれるんだ?」とひたすら粘り、サービス提供側が、「こういうことで、いかがでしょうか?」とサービス過剰な提案をしてくれるのを待つのです。

悪質クレーマーは、ひたすら、自分が受けた被害や損害を過大に主張し、「それでは納得できない」とハードルを上げ、「誠意を見せろ!」とシツコク粘りに粘るのです。

そのため、一人で対応していると、ノイローゼにもなりかねないのが悪質クレーマー対応です。複数でのチーム対応が無難なわけです。

エレガントに拒絶するワザを、きちんと覚えておかなければなりません。

不当要求は社会通念上認められないことを理解させる！

悪質クレーマーは、サービス側からの「謝罪」や「弁償」、「交換」といった対応に納得できないというわけですから、本来ならそこで決裂で、法的手続きに移るべきといえます。すなわち調停の申し立てなり、訴訟の提起です。

しかし、それは行いません。金と時間と労力がかかるし、自分の要求が社会通念上不当であることを十分認識しており、訴訟でも負けると自覚しているからです。**悪質クレーマーの拒絶には、次のような切り返しのフレーズで突っぱねなければいけません。いつまでも不毛なやり取りは無意味だからです。**

クレーマー「どうしてくれんだよっ！　おいっ、聞いてんのかコラッ！」

対応者「怒鳴るのなら通報いたします。お客様はどうされたいのですか？」

※　　※

クレーマー「誠意を見せろよ。誠意を」

対応者「私どもの誠意は示しました。お客様の誠意とはどういうものですか？」

※　※

クレーマー「ネットに書き込むぞ、いいのか？」

対応者「それはご自由ですが、不当な書き込みには断固たる処置をとります」

※　※

クレーマー「訴えるぞ。裁判になってもいいんだな？」

対応者「それはご自由にどうぞ。当方も司法の場での決着は望ましいです」

※　※

クレーマー「じゃあ、お前らは、これ以上の賠償は拒否するというのか？」

対応者「はい、ご納得いただけないのは、まことに残念ですが、仕方ないです」

※　※

クレーマー「要求に応じないなら、オレは、ここを動かないぞ」

対応者「お引き取り下さい。居坐るのでしたら警察に通報させていただきます」

相手の剣幕におびえたり、萎縮せず、冷静に落ち着いて対応することです。

第5章

「ここぞ」の場面で効く！「魔法のフレーズ」

追い詰められた時の「逆質問」の力

「なぜ、そう思うのですか？」

人は突然「なぜ？」「どうして？」などと質問されると、すぐに答えなければば——と反射的に応じる習性が備わっています。無意識による反応です。

質問に答えるため、一瞬立ち止まって考えなければなりません。

なぜかというと……、どうしてかというと……などと、その理由を探ります。

これまでの思考過程の再チェックが行われる「間《ま》」が生じるわけです。

すると今までの会話のやり取りが、一時的に中断します。

議論で追い詰められていた時などには、功を奏するでしょう。

攻守の逆転が図られ、議論の主導権さえ取り戻せます。

これが、相手からの攻勢をかわす「逆質問」の威力です。

「ＮＬＰ（神経言語プログラミング）」という実践心理学と言語学を応用した問題解決手法では、相手の固定観念を解く時に重宝されています。

「○○が問題ですよ」「○○が原因なのです」と決めつける相手に、「あなたはなぜ、そう思うのですか？」などと、次々に相手の答えを質《ただ》すと、相手は戸惑います。

追い詰められた時の反転攻勢には、「逆質問」が有効なのです。

「否定的印象」を即座に「肯定的」に変える！

「だから、いいんですよ！」

相手が否定的な印象をもつ時、それを即座に逆転させるフレーズがあります。

A「また、あの店に行くの？　私、あの店は正直いって飽きたよ」
B「だから、いいんじゃない」
A「え？　何が？」
B「今日は、金曜日で店が混んでるよ。新規を探すのは避けたほうがいいよ」
A「あ、そうか、それもそうね」

相手が否定的イメージでとらえていることを、自分が肯定し、押し通したい時には逆説を唱えることです。「だから、いい」というのは逆説ですから、相手の認知は「なぜ？」と不協和を生じます。そこに、もっともらしい理由を付け加えると説得力が増すわけです。逆説が受け入れられてしまいます。

人は、逆説を唱えられると、「なぜだろう？」と理由を知りたくなります。認知とは認識のことで、「常識」に反する認知を示されると認知が歪みます。相手が否定することに「そこがいいんですよ」などと告げると、思わず注目度が上がるのです。そこに、腑《ふ》に落ちる理由を付け加えれば、ストンと納得しやすくなります。人は、「認知的不協和」の状況に陥ると、認知を協和しないと不安で落ち着かなくなるからです。タバコが体によくないことを知っていても、やめられない人は、「ヘビースモーカーでも長生きの人はいる」などと、自分に都合のよい理由を信じて、認知の協和を図っています。

『医者に殺されない47の心得』というタイトルの書籍がありましたが、「何で？」とたちまち「認知的不協和」になり、思わず読みたくなるわけです。

「期待」に念を込めて相手を動かす！

「無理じゃないよね？」

断られそうな頼みごとは、「段階的依頼法（119頁）」や「譲歩的依頼法（120頁）」による「依頼」が効果的です。

しかし、相手の承諾を得るに際して、相手の「能力」や「スキル」をターゲットにする場面では、使い勝手が違ってきます。

そんな時には、**相手の「能力」や「スキル」を過大に評価してあげたほうが、相手の奮起を促せます**。

A「斎藤さんは、前の会社ではSEだったんでしょ？　頼もしいなあ、斎藤さんなら、この程度のアプリをつくるのも、全然無理じゃないですよね？」

B「えっ？　ど、どれ……？　あ、う一ん……。これね……、やってみましょうか」

こんな具合に背中を押すことができます。判断に迷う間もなく、期待がかかれば、「やるっきゃない！」とつい引き受けてしまいます。

そして、難しい課題だと「引き受けなきゃよかった……」とも思わせますが、逡巡する心を奮い立たせるのが「斎藤さんなら、無理じゃないですよね？」という言葉なのです。このセリフが蘇るたびに、気を取り直すことでしょう。

こちらの期待を裏切れなくさせてしまう、とても便利な言葉なのです。

「きみだったら、財閥系のM社から受注を取るのも、無理じゃないだろ？」

こんなセリフを上司から投げかけられると、潜在意識に刷り込まれます。

どうやって、M社に食い込もうかと部下の心も奮い立つのです。

目標のハードルが高くても、チャレンジする背中を押すことができる「催眠コントロール」の効果もはたらく、非常に便利な言葉といえるでしょう。

プラスとマイナスの両面を伝えプラスの印象を強める

「○○ですが、○△は優秀です」

人には、誰でも「長所」や「短所」があるものです。

ところで、面接の時などに、「自分の性格をひとことで表してください」などといわれたら、どう答えているでしょうか。

「自分は、明るく陽気で友達も多いほうですが、気分屋なところもあります」

自分のことを、自分でほめすぎるのもイヤらしいので、たいてい少しだけ、自分のマイナス面と思えることなども付け加えて話すものです。

しかし、こんな話し方には問題があります。

長所を先に伝え、短所を後にもってきているからです。

これだと、「この人は、気分屋」という印象だけが残りかねないからです。

次のように伝えなければいけません。

「自分は、気分屋のところもありますが、明るく陽気で友達は多いほうです」

こういえば、「この人は、明るく陽気で友達が多い」という印象が残ります。**系列位置効果の「親近化」という現象です。**

人物の両面を語る時には、後のほうの言葉が記憶に残りやすいからです。

※「彼女は美人だけど、気が強いよ」→「彼女は気が強い」

※「性能は抜群ですが、価格は高いです」→「価格が高い」

※「バスケの部活一筋だったので、学業成績は悪いです」→「学業成績が悪い」

※　　　※

※「彼女は気が強いけど、美人だよ」→「彼女は美人」

※「価格は高いですが、性能は抜群です」→「性能は抜群」

※「学業成績は悪いです。バスケの部活一筋だったからです」→「バスケ一筋」

好印象を与え、「味方」をつくっていくひとこと！

「よろしければ！」

職場を見渡した時に、自分に「脅威」を与えてくる人が多いか、「安心」を与えてくれる人が多いかといった感覚は非常に重要です。

「脅威」を与えてくる人＝「敵」であり、「安心を与えてくれる人」＝「味方」だからです。

あなた自身が、相手に対して「脅威」を感じ、緊張する相手は少なくともあなたの「味方」ではないからです。

自分の職場には、「味方」が多いほど、何かと安心できるものです。

積極的に、「味方」をつくる努力は、日頃からしておくことが大事なのです。

簡単な方法は、「返報性の原理」を活用することです。

※「よかったら、お手伝いしましょうか？」
※「よろしければ、私が、エクセルで一覧表にしましょうか？」
※「これ、北海道のおみやげ。ちょっぴりだけど、よかったら食べてね」
※「よかったら、ご一緒しませんか。ご案内いたしますよ」

このように「よかったら」「よろしければ」と、自分のほうから「親切」を申し出ることです。

実際に「親切」を相手に施さなくても、「親切」の申し出は、相手にとっては、嬉しい「気遣い」になります。「じゃあ、頼んでもいいかな」と相手が応じてきたなら、「親切」を施すチャンスにもなります。

人は、「親切」にされると、「親切」を返さなければ——という「返報性の原理」がはたらきます。自分に親切にしてくれる人には「好意」を感じます。

「好意の返報性」が次々作用していくと、どんどん「味方」が増えるわけです。

過去の体験や事例にふれると会話がスムーズに流れだす！

「昔は、どうでした？」

人と人との会話は、どちらか一方からの「質問」に対して、相手が答えることで口火を切るものです。そこから会話のキャッチボールがスタートします。

A「きのうは大雨で大変でしたね。おたくは、大丈夫でしたか？」
B「いやあ、営業の外回りなので、タクシーがつかまらなくて苦労しました」
A「そうでしたか。私は内勤ですが、横浜までの帰宅の電車が混んじゃって」
B「ほう、横浜にお住まいでしたか。それはそれは……（会話がしぼむ）」

こんな他愛のない会話でも、質問と回答のやり取りが行われています。次々と適切な質問が出てくれれば問題ないのですが、雑談が苦手な人は、そもそも質問が浮かびません。そのため、途中で会話がしぼんでしまいます。

そんな人は、相手に「過去の質問」をするように心がけることです。人は、「今は、どうですか?」「これから、どうなります?」といった「現在」や「未来」の質問には答えにくいものですが、「過去」は答えやすいからです。

A「きのう(過去)は大雨で大変でしたね。おたくは、大丈夫でしたか?」

B「タクシーがつかまらず閉口でした。おたくのほうはどうでしたか?(過去)」

A「帰宅時のダイヤが乱れて大混雑でした。私、横浜に住んでいて遠いのですよ」

B「もう横浜は長いのですか?(過去)私も埼玉で遠いのですよ」

A「私は生まれも育ちもハマッ子です。埼玉には長くお住まいですか?(過去)」

B「先祖代々、埼玉の田舎です。横浜は昔から都会でいいですね(過去)」

「昔はどうでした?」などと、「過去」に焦点を当てると会話が続いていきます。

話を終わらせたい時は「話の腰」を折る！

「それって癖？」

生意気な人が、得意気に話す話題に、いつまでも付き合わされるのは苦痛です。**そんな場面で、さり気ない「ひとこと」を漏らすだけで、相手がトーンダウンするセリフがあります。**これで「話の腰」は折れ、簡単に追い払えます。

部下「課長のおっしゃる通り行動したのに失敗しちゃったんですよ。これって僕の責任もありますけど、課長もある程度、責任感じてほしいですね」
上司「私の指示が間違ってたと、そういいたいわけだな。ハッキリいえよ」
部下「いや、そうじゃないすけど……、作戦を立てたのは課長だと……」

上司「同じことだろ。作戦が間違ってたと、きみは、いいたいんだろう？」

部下「違いますよ。あのですね……、作戦が誤りとかじゃなくて、ええと……」

上司「ところできみ、話す時、いつもアゴを突き出すけど、それって癖なの？　得意先から『感じ悪い』と思われてるんじゃないか？」

部下「えっ？　アゴですか？　そんな……気づきませんでしたが……（汗）」

面倒な人との会話を終わらせたければ、相手の「癖」を指摘しましょう。

「喪失感」を高めて「あと出し」すると魅力が高まる

「なくなりました!」

「いつまでも、あると思うな親とカネ」という諺《ことわざ》があります。

元気で面倒を見てくれる親もやがていなくなり、お金も使い果たせばなくなるので、今のうちにありがたく思い、節度を保って暮らせという教訓です。

消えてなくなる——すなわち「喪失感」の境地を想像させる言葉なのです。

人は、すでになくなった——といわれると虚しくなります。太古の昔から備わってきた「6つの基本感情(怒り・嫌悪・恐怖・喜び・悲しみ・驚き=米国の心理学者ポール・エクマン提唱)」のうち、「悲しみ」を誘発するものとされています。「喪失感」は激しく心を揺さぶります。そして、なくなったものが見つかると、幸福感が増します。

「興味・関心」を少しでも植え付けた対象があるなら、この感情で相手を手玉にとることができます。心理学で「ロストゲイン効果」と呼ばれる現象です。

営業「こちら新製品の○○です。従来品の2倍の性能ですが、価格は従来品とほぼ変わりません。人気が出そうなので、一応ご紹介いたします」
お客「ふうん、性能が2倍で、価格はほぼ据え置きか、なかなかいいね」
営業「はい、よろしければ、ご予約もできますが、いかがでしょうか？」
お客「どうしようかな。買い替えたいけど、まだ今の製品使えるし……」
営業「ですよね。無理にはおすすめしません。限定生産なのでご紹介だけです」

※　※

営業「おかげさまで、例の新製品、アッという間に売り切れました」
お客「えっ？　もうなくなったの？　買っておけばよかったかなあ……」
営業「あ、もしよろしければ、私が個人で予約した分、ご提供しましょうか？」
お客「えっ？　ホント？　何だか悪いな、でもそうしてくれると嬉しいなあ」

ルール違反をする人に、逆ギレされずに善処を促す

「どのくらい？」

世の中には、ルールを守らない人が、大勢いるものです。

※駐車禁止の場所にクルマを止めたままの人がいる。
※禁煙ゾーンなのに、平気でタバコを吸っている人がいる。
※電車の中で、携帯で声高に話し続ける人がいる。
※入ってはいけない公園の芝生の中で、寝転んでくつろぐ人がいる。
※ゴミ収集日でもないのに、平気で収集所にゴミを置いていく人がいる。

こういう人にあからさまに注意する人は、あまりいません。弱気な人は、特にできないでしょう。逆ギレされると怖いからです。ルール違反の人は、不当なことをしている自覚があっても、注意されると反発します。上から目線の注意だとよけいに逆上したくなります。

ルール違反の人に堂々と「やめてください！」などと注意できるのは、よほど腕に覚えのある人に限られるわけです。

しかし、自分の家の門扉の前なのに、ずっと駐車されていて、運転手が傍に立ってタバコを吸い、吸殻を道端に捨てているのを見たら、誰でも頭に来ます。

こんな時、相手に善処を促すことができるのは、「どのくらい？」と意向を打診するセリフです。現状を黙認しつつも、ルール違反の時間を問うセリフです。

「どのくらいクルマ止めます？」「どのくらい吸います？」などと尋ねるのです。

他のケースなら、「すいません、どのくらい電話で話します？」「どのくらい芝生に入ってますか？」「あのう、どのくらいのゴミを置きますか？」などです。

意向打診の質問は、現状追認した上で、相手の自尊心に配慮するセリフのため、いわれた相手もバツが悪くなり、やめる方向で善処してくれるわけです。

「過剰」を心配することで相手のハートをつかむ

「頑張りすぎないでね」

人を励ます時には、ふつうは、「頑張れよ」「頑張ってね」と声をかけます。

しかし、死に物狂いで頑張っている人に、こんな言葉をかけるのは、軽率のそしりを免れないでしょう。

「これ以上、どう頑張れっていうのよ。少しは手伝いましょうか――ぐらいの優しい親切心はないの！」などと、怒られかねません。

そもそも、激励の言葉には「命令形」や「禁止形」の響きがあります。

「頑張れ」「気合入れろ」「歯を食いしばれ」「気を抜くな」「もう少しの辛抱だ」「音

を上げるな」……など、根性の注入が主眼になっています。

これを、自分で自分に課すなら納得もいきますが、傍観者の他人にいわれるのは、何だか「筋が違う」ような気にもさせられます。

いかにも口先だけの応援のセリフに聞こえてしまうからです。

人は、「命令形」や「禁止形」の言葉に反発を覚える心理があるのです。

命令されると、自分の「自由」が奪われるような束縛を感じます。

禁止されると、これまた自由が奪われるので、「禁」を破りたくなります。

したがって、頑張っている人に、こちらの励ます気持ちを感じてもらうのに「命令形」や「禁止形」のセリフは、ふさわしくないのです。

「頑張りすぎないでね」と声をかけたほうが、現状の努力を認めた上に、体調を気遣う響きが感じられるでしょう。同じ「命令形」や「禁止形」でも、「過剰」を諫《いさ》める言葉なので、優しさを感じられるからです。

「ほどほどにね」という気遣いやねぎらいが、嬉しくさせてくれるのです。

自分の要望をスムーズに通してしまう！

「すみません、急いでますので」

日常生活における「上手な世渡り術」は、覚えておいたほうがトクをします。
人は目の前に困っている人がいると、助けないといけない——という良心がはたらくのがふつうです。これを「援助行動」といいますが、困った人がいても、大勢の人がいると「誰かが助けるだろう」という無責任な気持ちになるのも人間の心理です。こちらは、「傍観者効果」といって、道に倒れている人がいても、素通りしてしまったりするのです。

人の「援助行動」をはたらかせるためには、目の前の人を特定して、自分が困っている理由を告げないといけません。満員電車に乗っていて、乗降客の少ない駅で、自

分が降りたい時には「すみません。降ろしてください」と必ず声を上げることです。周囲が協力してくれます。自分の体だけをドアに向かってグイグイとごり押しし、降りようとすると、かえってトラブルになります。

コンビニで、時間をかけて数十枚もの紙のコピーをとる人がいたら、「すみません、急いでいるのですが、1枚だけいいですか？」と困った表情で告げると、途中で中止して取らせてくれるでしょう。

道を塞《ふさ》ぐように数名が横に並んで歩いている時にも、「すみません、急いでいるので」と告げれば道を空けてくれるものです。

相手を自分の「理想形」に近づけていく！

「いつも○○でいいね！」

口の悪い上司が、部下に向かって「バカだな、お前は！」「ホントにどうしようもないヤツだな」などと罵声を浴びせていると、部下の心は上司から離れるだけでなく、そのうち無気力で投げやりな行動を取るようになっていきます。

自己否定が潜在意識にも浸透するために、やさぐれるからです。これを「ゴーレム効果」といいます。「バカ」と罵られると、人は本当にダメになります。

こんな口の悪い上司の下にいる部下は、どんどん生産性を下げるのです。

部下の生産性を上げたいなら、上司はタイミングよく部下をほめることです。

もちろん、理由もなくほめてはいけません。理由もなくほめていると、部下は増長し、上司をバカにするようになるからです。

ぼそぼそした声で「おはよ…ござ…ます」などと、元気のない挨拶をする部下には、大きな声を出すよう指導し、大きな声で挨拶するようになったら、「あなたの挨拶は元気があっていいね！」とほめてあげます。

書類の仕上がりの速かった部下には、「おっ、書類が速くて助かる！」と声をかけます。こうしていると、元気な挨拶に囲まれ、スピーディーな書類が仕上がる環境が整っていきます。ついでに周りの人には「あなたの笑顔は素敵だね」と伝えると、部下の全員が、笑顔で上司を囲んでくれるようにもなります。

このほうが断然よいでしょう。**これが「ラベリング効果」です。人は、ほめられた行動を無意識に取るようになっていくのです。**

新婚カップルで、奥さんの手料理がへたな時には、必ず何かほめるポイントを見つけることです。「総菜の盛り付けがいいね」「きみのカレーは絶品」「味噌汁最高！」などとほめていると、奥さんの料理の腕はメキメキ上達していきます。

自分の行動を正当化する

「〇〇のため！」

一瞬にして相手の行動を規制し、自由な思考を束縛する言葉があります。

※「家族が生きるためだ。きみもパートで働いてくれ」
※「会社のためだ。これぐらいの経費削減には目をつぶってくれ」
※「あなたの将来のためだ。とりあえず、子会社へ出向してくれ」

都合よく人を説得したい時、「〇〇のため」という「大義名分」や「錦《にしき》の御旗《みはた》」を掲げると、たとえ納得いかないことでも、人は応じてしまいます。

家族のため、会社のため、あなたの将来のため——などといわれると、何だか「正しい選択」のように思えてくるのです。

自己犠牲の名分が立ち、自分の人生への展望が開けるようにさえ感じさせられます。行動に正当性が与えられるため、納得のいかないことでも頑張ることができるのです。

ただし、「社会のため」「世の中のため」などと、対象が広く、大きすぎると、大義がぼやけてしまいます。

ごく普通の人を説得するのですから、相手の身近なところでの「利害得失」を考えて、「大義名分」を打ち立てていかなければなりません。

とりわけ、政治の世界では「大義名分」だらけです。

「社会保障のため」「デフレ脱却のため」「国際貢献のため」……いろいろですが、本当はみんな政治家個人の議席保持のため——という本音だけは忘れないことです。

プライドの高さを逆手にとる

「さすがのあなたでも、無理だよね？」

人は、自分の何らかの部分で、自負できるものをもっています。

人と比べて秀でている——と思えるところです。

容姿が整っている・背が高い・学歴が優秀・英語が堪能・一部上場企業に勤めている・年収が高い・パソコンスキルに秀でている・スポーツ万能・計算が速い・絵がうまい・カラオケが得意・文章がうまい、大食いができる・酒に強い……など、いろいろあります。


こうしたプライドをくすぐられると嬉しくなり、相好を崩してしまうのが人間なの

です。これを手玉に取ると、苦手な相手でもうまく動かせます。

上司「あなたは、TOEIC860点だったよね。すごいね。しかし、さすがのあなたでも、この英文の翻訳を明日までに訳すのは、無理だよね？」

部下「これですか？　何てことありませんよ。大丈夫です。お任せを」

※　　　　※

男性「あなたみたいな美人はモテモテだから、僕みたいな男と食事に付き合うのは無理だよね？」

女性「あら、そんなことないわよ、全然。ぜひ連れてってくださいよ」

ほめてから、ちょっと見くびるようにいうと反発してOKしてしまいます。

酒豪を自慢するパワハラ上司がいたら、時々潰してやるのも一興です。

部下「さすがの部長でも、このウォッカのグラス一気飲みは無理ですよね？」

上司「ウォッカなんて、せいぜい40度程度だろ。どれ、グラスを寄こしな」

「情報の非対称性」を逆手にとって説得する

「ご承知の通り」

最近は少ないものの、見合い結婚における仲人による「仲人口」というのは、男性側にも女性側にも、「いいことずくめ」の情報を伝えます。まず、男女の2人を会わせることが目的なので、事前情報では相手の利点を盛るわけです。これを「片面提示」と呼びます。**「片面提示」が功を奏するのは、お互いが相手に対して十分な知識をもたない場合です。こんな状況で、プラス情報に加えてマイナス情報まで伝える「両面提示」を行うと、マイナスの先入観が膨らみます。**

「商売」や「セールス」の場合も同じです。

お客側に、商品についての詳しい情報がない場合、売り手は「いいこと」ばかりを伝えます。「よくないこと」を伝えると、マイナスの先入観が広がって、ためらわせるからです。売る側に「豊富な情報」があり、買う側に「少ない情報」しかない状況を、「情報の非対称性」があるといいます。

お客は沢山の情報を求めるものですが、貧弱な知識しかないところに、難しい知識を加えると、お客の頭が混乱して購入をためらわせてしまいます。

そんな「情報の非対称性」がある時に、お客の心理を逆手に取って説得するのに便利なのが「ご承知の通り」という前置きのセリフになります。マイナス情報をあたかも「既知の情報」であるかのように装い、スルーできるからです。

営業「ご承知の通り、相場は100万以上ですが、うちは50万でやります」
お客「へー、すごくおトクな価格ですね。じゃ、お願いしようかしら」

「ご承知の通り」「ご存じの通り」と知識のある人のように持ち上げられると、つい「知らない」とはいえなくなります。これで、スルーできてしまうのです。

「希少性」を尊ぶことで相手を喜ばせる

「あなたしかいない」

「あなたしかいないんだ」といわれ、頼みごとをされると断りにくくなります。他の誰かに代替させようと思っても、自分一人への狙い撃ちだからです。

自分だけが頼られていると思うと、まんざらでもない気にもさせられます。

心理学で「限定効果」「希少価値効果」といわれる現象です。

「これしかない」と限定されると、他の選択をあきらめざるを得なくなります。

「あなたにだけ特別ね」といわれると、何だかトクをしたように思えます。

希少価値は、その希少性ゆえに差別化され、価格にも反映されます。

金・銀・ダイヤモンドの値段が高いのは、希少性があるからに他なりません。

これが、値段が高いものは価値がある——という思い込みに通じます。

高級ブランド品といわれるものは、精巧な偽物が沢山出回っていることや、アウトレットモールで5〜7割引きで売られていることを考えれば、原価は1〜2割にすぎませんが、「値段が高いから価値がある」という幻想を刷り込まれ、高級品をもつことで優越感を得て、「見せびらかしたい」という顕示欲（ウェブレン効果）まで引き起こします。

「優秀なあなただけが頼りなんです」と告げておだてていれば、たいていの人間はあなたのために動いてくれます。

「ハロー効果」を利用して「印象操作」を行う

「実は○○なんです」

前述した通り、人は、何かひとつでも、際立った特徴があると、それが全体のイメージを形成してくれます。これを「ハロー（後光）効果」といいますが、ポジティブにはたらく場合とネガティブにはたらく場合の両方があります。

容姿が優れていると、中身も優秀と思われるのは、ポジティブな「ハロー効果」です。暗い表情で不潔な身なりだと、中身も貧相に思われるのはネガティブな「ハロー効果」です。これは外見による「ハロー効果」です。

しかし、その人の性格や社会的評価（地位、肩書、評判）でも、「ハロー効果」ははたらきます。

東大卒の人だと、人物そのものが優秀に思われたり、ボランティアに熱心な人だと、博愛精神に満ちた立派な人格者に思われたりするでしょう。

ちょっとしたスペックがあると、人はカンタンに騙されるということです。

詐欺師はスペックを巧妙に操り、騙したい相手にとっての理想的な人物を演じ、偽装するわけです。これを「印象操作」といいます。

こちらをバカにしてくる相手には、「印象操作」で対抗すべきです。

「実は、僕の父の弟は、警視庁刑事で子供がおらず、僕のことをものすごく可愛がってくれます」と告白すると、何かの「お守り」代わりになります。

「高校、大学と、部活は空手とラグビーをやってました。空手は2段です」などといえば、ひ弱なイメージだった人でも、「おお、すごい」と一目置かれます。

「子供が好きで幼稚園の先生に憧れてました」といえばソフトな性格に、「本当は数学科に行きたかったのですが、父親にこれからの時代は語学だといわれて、やむなく文学部に行ったのです」というと、頭脳明晰な人に思われます。

「同調心理」を利用して相手を「思い通り」に！

「みんなが」

日本人ほど、同調心理に弱い国民はいない——ともいわれます。

「みんな、やってますよ」「みなさん、お揃いですよ」などと告げられただけで、なぜか落ち着かなくなります。みんなと同じでないことが不安にさせます。

心理学で「バンドワゴン効果」と呼ばれる現象です。バンドワゴンは、パレードの先頭で音楽を鳴らす楽隊車のことです。パレードの流れを先導します。

そこから「多勢に与《くみ》する・時流に阿《おもね》る・勝ち馬に乗る」といった意味をもち、多数派の意見に従う、流行に乗る、勝ちそうな候補を担ぐわけです。

子供が親に買い物をねだる時にも「コレ、みんな持ってるから買ってよ」などといいます。「みんな持ってる＝人気がある＝持っていないと仲間外れ」という図式です。みんなが買うモノ、使っているモノは、安心できるのです。

家電量販店では、「売上げベスト3」の商品から選択したくなり、本屋では、書籍の帯の「10万部突破のベストセラー」を見て「買おうかな」と思います。

愚痴をこぼす人を黙らせるのにも効果があります。

「うちは残業が多くて、給料安くてイヤになるよ」↓「みんなそうだよ！」

横暴な上司を、部下たちがコントロールしたい時にも使えます。

「みんなが思ってることですが……」と前置きすれば耳を傾けてくれます。

「これはみんなの総意です」と宣言すれば「そうなのか」と受諾するでしょう。

「課長はみんなのことを考えてませんね」と非難すれば、黙らせられます。

「みんなって誰と誰？」と反撃されたら、「全員ですよ！」と再反撃しましょう。

イラスト＝森下えみこ
ブックデザイン＝小口翔平＋三森健太＋上坊菜々子（tobufune）

神岡真司（かみおか・しんじ）

ビジネス心理研究家。日本心理パワー研究所主宰。最新の心理学理論をベースにした法人対象のモチベーションセミナー、コミュニケーショントレーニング、人事開発コンサルティングなどで活躍中。主な著書に『嫌いなヤツを消す心理術』（清流出版）、『男と女のLOVE心理学「恋愛」から「結婚」まで自在にコントロール』（マガジンハウス）、『売れすぎて中毒になる 営業の心理学』『効きすぎて中毒になる 最強の心理学』（すばる舎）、『口ベタでも、人を動かす うまい質問』（永岡書店）、『コワいほど お金が集まる心理学』『こわいほど使える アブない心理学』（青春出版社）、『［才能］が見つからないまま大人になってしまった君へ』『相手のすべてが見透かせる 支配できる ヤバすぎる心理術』『悩みゼロ 心理学の新しい解決法』（ワニブックス）などがある。

メールアドレス　kamiokashinzi0225@yahoo.co.jp

口下手・弱気・内向型のあなたのための
弱みが強みに変わる逆転の心理学

2018年2月3日　初版第1刷発行

著　者　神岡真司

発行者　藤木健太郎
発行所　清流出版株式会社
101-0051　東京都千代田区神田神保町3-7-1
電話　03-3288-5405
ホームページ　http://www.seiryupub.co.jp/

編集担当　秋篠貴子
印刷・製本　大日本印刷株式会社

乱丁・落丁本はお取替えいたします。
ISBN978-4-86029-472-4